Das Recht im Irrenwesen

Über den Autor

Eduard August Schroeder wurde am 25. Mai 1852 im schlesischen Teschen (heute: Český Těšín) geboren. Seine Schriften zeichnen den Juristen, Soziologen und Buchhändler als glühenden Verfechter des Rechtsstaats aus. Dass besonders seine grundsätzlichen Gedanken zum Thema Psychiatrie kaum etwas von ihrer Aktualität eingebüßt haben, einige seiner Lösungsansätze dem Puls der Zeit sogar bis heute voraus sind, machte eine Neuausgabe seines 1890 bei Orell Füssli & Co. erschienenen Werkes »Das Recht im Irrenwesen« unabdingbar. Der Autor verstarb am 16. Februar 1928.

Anmerkungen der Herausgeberin

Der Text des Originals wurde behutsam an die aktuelle Rechtschreibung angepasst. Wo in heutiger Zeit ungebräuchliche Ausdrücke den zeitgenössischen Lesefluss stören würden, wurden einige (wenige) sinngleiche Ersetzungen vorgenommen. Dass es im Ergebnis noch immer keinen Unterschied macht, ob ein Mensch im Jahre 1890 der Geisteskrankheit *geziehen* wurde, oder ob er in heutiger Zeit ihrer *bezichtigt* wird, unterstreicht nur die traurige Kontinuität des Wirkens der Psychiatrie in ihrem fatalen Zusammenspiel mit der Justiz.

Ursula Prem

Das Recht im Irrenwesen

kritisch, systematisch und kodifiziert

Mit Benützung
einer Nachricht über den Gesetzentwurf
Leon Gambettas

von
Eduard August Schroeder

1890

Bibliografische Information der Deutschen Nationalbibliothek: Die Deutsche Nationalbibliothek verzeichnet diese Publikation in der Deutschen Nationalbibliografie; detaillierte bibliografische Daten sind im Internet über www.dnb.de abrufbar.

Die urheberrechtliche Schutzfrist des Werkes ist am 1. Januar 1999 erloschen; Druck und Verlag der Originalausgabe: Orell Füssli & Co, Zürich und Leipzig, 1890;
Neuausgabe, Aktualisierung der Rechtschreibung, Buchgestaltung und Cover: © Ursula Prem, 2015;
Herstellung und Verlag: BoD – Books on Demand, Norderstedt;
ISBN-13: 9-783-7347-6851-4

Inhaltsangabe

Vorrede ... 9
Das Recht im Irrenwesen ... 13

Kritik ... 21

A. *Das positive Recht* ... 25

B. *Ursachen der heutigen Rechtszustände* ... 28
  1. Die Interessen des ärztlichen Standes ... 30
  2. Die menschlichen Schwächen der Ärzte ... 34
  3. Das soziale Misstrauen ... 36
  4. Das gesunde Material in den Anstalten ... 38
  5. Die falschen Prämissen der Psychiatrie ... 39
  6. Verquickung der Begriffe: Geisteskrankheit und Gehirn- und Nervenkrankheit ... 48

C. *Grundsätze und Anschauungen im heutigen Recht* ... 53
  1. Die persönliche Freiheit ... 54
  2. Das Prinzip der Gleichberechtigung ... 57
  3. Der Prozess der Aufnahme in eine Anstalt ... 60
  4. Der Arzt als Richter ... 70
  5. Die Behandlung Geisteskranker ... 74
  6. Die Anstalts-Visitationen ... 76
  7. Verwaltung und Verwendung des Vermögens ... 77
  8. Die Entlassung ... 78

D. *Folgen der heutigen Rechtszustände* ... 79
  1. Die ungerechtfertigte Beschränkung der persönlichen Freiheit ... 81
  2. Vergebliche Beschwerdeführung ... 90
  3. Die Sanktionierung des Verbrechens ... 92
  4. Die wirtschaftliche Lage des Gefangenen und Entlassenen ... 99
  5. Die soziale Lage des Entlassenen ... 100
  6. Gesundheitsschädigung ... 102
  7. Der Selbstmord ... 107
  8. Öffentliche Nachteile ... 110
  9. Schädigung des Rechtsgefühls ... 114

System ... 119
    Stellung, Teile und Wirkungskreis des Irrenrechtes ... 122

    A. *Der Schutz des Gesunden* ... 130
        1. Schutz vor Verdacht und Anklage ... 131
        2. Schutz vor der ungerechten Verurteilung ... 140
        3. Schutz vor dem Verbrechen ... 142

    B. *Der Schutz der Kranken* ... 146
        1. Der Schutz in körperlicher Beziehung ... 149
        2. Der wirtschaftliche Schutz ... 151
        3. Der soziale Schutz ... 152

    C. *Der Schutz öffentlicher Interessen* ... 155
        1. Das Irrenstrafrecht ... 157
        2. Schutz vor öffentlichen Nachteilen ... 161

Kodex ... 163
    I.   § 1 - 4 Wirkungskreis ... 165
    II.   § 5 - 12 Allgemeine Bestimmungen ... 167
    III. § 13 - 26 Antrag und Untersuchung ... 170
    IV. § 27 - 36 Anklage und Urteil ... 175
    V.   § 37 - 42 Aufnahme ... 178
    VI. § 43 - 50 Behandlung ... 180
    VII. § 51 - 54 Visitationen ... 183
    VIII. § 55 - 59 Entlassung und Rückfall ... 185
    IX. § 60 - 81 Schutz-, Beschwerde- und Strafrecht ... 187
    X.   § 82 - 83 Schluss ... 194

Danksagung der Herausgeberin ... 195

Dem Heros des Rechtes
Rudolf Jhering
zugeeignet
vom Verfasser

Vorrede

Den Anstoß zu der vorliegenden Arbeit gab mir folgende Stelle in *Schönbergs* Handbuch der politischen Ökonomie[1], an welcher der Tübinger Professor *L. Jolly,* sprechend von der französischen Irrengesetzgebung und diese die formell vollkommenste nennend, wörtlich erzählt: »Trotz der großen Vorsicht dieser Bestimmungen verbreitete sich gegen das Ende der Napoleonischen Regierung die Befürchtung, dass sie die persönliche Freiheit nicht genügend sicherten. Obgleich die Regierung bekannt machte, dass von 1864 bis 1869 nur 52 gerichtliche Beschwerden wegen ungerechtfertigter Unterbringung in einer Anstalt erhoben worden seien, die sich sämtlich als unbegründet erwiesen hätten, konnte sie doch nicht umhin, unterm 12. Februar 1869 eine Kommission zur Revision des Irrengesetzes einzusetzen, welche sich mit dem Sturze des Kaiserreiches auflöste, aber bereits durch Verfügung vom 24. Oktober 1870 neu gebildet wurde. Über die Ergebnisse der Arbeiten dieser Kommission ist nichts bekannt geworden. Inzwischen legten Anfang 1870 die Deputierten *Gambetta* und *Magnin* dem gesetzgebenden Körper einen Gesetzentwurf[2] vor, der zwar gleichfalls keinen Erfolg hatte, aber wegen seiner radikalen Bestimmungen bemerkenswert ist. Er geht von dem Grundsatz aus, *dass der Schutz der persönlichen Freiheit wichtiger ist, als die Pflege der Gesundheit.* Demgemäß sollen die Anstaltsvisitationen so gehäuft werden, dass mindestens alle vierzehn Tage eine stattfindet. Über die Aufnahme in eine Anstalt entscheiden Geschworene, vor denen der der Geisteskrankheit Beschuldigte durch einen Anwalt vertreten wird. Die Unterbringung kann nur mit ¾ der Stimmen beschlossen werden; gegen das Erkenntnis kann wegen Formfehlern Kassationsrekurs an das Gericht erster Instanz ergriffen werden. Die Entlassung erfolgt im gleichen Verfahren und

---

[1] Band II, S. 560 (Tübingen 1882);
[2] Trotz wiederholter Bemühungen konnte ich nicht in den Besitz des Gesetzentwurfes in seinem Wortlaute gelangen.

außerdem auf die Gesundheitserklärung des Anstaltsarztes.«

Es lag für mich ein großer wissenschaftlicher Reiz darin, zu untersuchen, was wohl den Anlass zu diesem Gesetzentwurf gegeben hat und welche Motive der große Gambetta, der ausgezeichnete Jurist, für seine Postulate an die Irrengesetzgebung in einem Lande hatte, das ohnehin sich eines positiven Irrenrechtes rühmen kann, wie es vollkommener zurzeit noch kein anderer europäischer Staat besitzt.

Diese Untersuchung konnte ich am besten durch eine Kritik der bestehenden Rechtsverhältnisse bewerkstelligen, und in der Tat, was ich dadurch gefunden, musste mich veranlassen, nicht auf halbem Wege stehen zu bleiben, sondern aus den gewonnenen Motiven ein System des Irrenrechtes – des ungeschriebenen, aber wirklichen, dem διχαιον, der Idee des Rechtes entsprechenden – aufzubauen zu versuchen und endlich dieses Irrenrecht zu kodifizieren.

Der Größe dieser Aufgabe mir wohl bewusst, würde ich den Mut zur Publikation dieses Buches nicht gehabt haben, wenn ich nicht das Bewusstsein hätte, die Wahrheit gesucht zu haben, um frei von jeder Eitelkeit die verloren gegangenen Gedanken eines der größten Männer dieses Jahrhunderts vielleicht wiederzufinden und der Menschheit wiederzugeben.

Diese Arbeit sei *den Abgeordneten zu den gesetzgebenden Körpern* aller Länder gewidmet. Sie möge sie zu dem Streben anregen, die große Rechtsunsicherheit auf dem Gebiete des Irrenwesens zu beheben, welche niemanden zu reformatorischer Tätigkeit mehr anspornen sollte, als eben den Abgeordneten selber; denn seine Immunität ist so lange von problematischem Wert, als er durch ein äußerst einfaches Verwaltungsverfahren durch ärztliche Richter und ohne das Recht der Verteidigung wegen Geisteskrankheit aus seiner legislatorischen Wirksamkeit gerissen werden kann. Und eben jene 52 gerichtlichen Beschwerdefälle, welche von 1864 bis 1869 in Frankreich wegen ungerechtfertigter Unterbringung in eine Irrenanstalt erhoben und registriert worden sind, beweisen, dass solche Beschwerden niemals von Erfolg sein können, solange die heutigen

Rechtsanschauungen Geltung haben. Gewiss befand sich unter jenen Fällen wenigstens *eine* berechtigte Beschwerde; unzweifelhaft aber war es die, welche der *Advokat Gambetta* vor Gericht vertrat, die ebenfalls erfolglos blieb und nun den *Deputierten* zu seinem oben erwähnten Gesetzentwurf veranlasst hat.

Der aufmerksame Leser sei hiermit gebeten, alles das, was in den kritischen Abschnitten dieses Buches gesagt ist, auch hinüberzuziehen in die Beurteilung des Systems und des angehängten Gesetzentwurfes. *Er sei insbesondere gebeten, nicht einzelne Stellen aus dem Gefüge dieser Arbeit loszutrennen, sondern alles im Zusammenhange zu erwägen.*

Und so schließe ich denn mit den Worten *Rudolf Jherings*[3]:

»Indem ich nun der Schrift selber es überlasse, den Leser von der Richtigkeit der Auffassung, die sie verteidigt, zu überzeugen, beschränke ich mich hier darauf, diejenigen, welche sich berufen halten, mich zu widerlegen, um zweierlei zu bitten. Einmal darum, dass sie es nicht in der Weise tun, dass sie meine Ansichten vorher entstellen und verdrehen. – Das Zweite, was ich begehre, ist dies, dass derjenige, dem es Ernst ist, sich über meine Theorie klar zu werden, den Versuch mache, der positiven Formel des praktischen Verhaltens, die sie entwickelt, seinerseits eine andere positive Formel gegenüberzustellen; er wird dann bald innewerden, wohin er gelangt.«

Teschen, im September 1889

Der Verfasser

---

[3] Vorrede zur sechsten Auflage »Der Kampf ums Recht« (Wien 1881), S. 11;

Das Recht im Irrenwesen

So entsteht in jedem Rechtsgebiete im Allgemeinen, aber auch zugleich in jedem Verwaltungsgebiete im Besonderen ein Leben, in welchem die Idee des Rechtes – das Gerechte, το διχαιον – mit dem positiven, durch die bestehende Gesellschaftsordnung gesetzten Rechte kämpft, und sich gegenüber den gesellschaftlichen Ordnungen ihre Anerkennung und Geltung zu erzwingen sucht.

Lorenz Stein

Jede gesellschaftliche Einrichtung entstammt einem guten Impulse, einer gerechten Anschauungsweise und im Beginn entspricht sie auch den Intentionen, welchen sie ihre Entstehung verdankt; bald aber werden dieselben vergessen und die betreffende Institution schlägt in das Gegenteil um, sie wird zu einer schlechten Sache, *dient der Macht derjenigen, in deren Händen sie liegt*, und artet in die verabscheuungswürdigste Schlechtigkeit aus.

Der Beispiele zum Beweis dieser Behauptung gibt es viele.

Die *Inquisition*, welche, ein Makel der Kirchengeschichte, heute von jedermann verdammt wird, weil man nur an ihre Auswüchse denkt, war im Anfange keineswegs der schauderhafte und unsinnige Gräuel, welchem nach den 1834 zu Madrid veröffentlichten Aktenstücken von 1481 bis 1808 32.000 Personen zum Opfer fielen; sie war im Beginn nichts anderes, als die Aufsuchung solcher Personen, die nicht den christlichen Glauben hatten, aber unter Christen lebten; sie entstand lediglich aus der Absicht, die junge Kirche vor Leuten rein zu bewahren, die Zwietracht und Zwiespalt veranlassten. Erst bei Augustin, dem Kirchenvater, finden wir den reinen Standpunkt des Schutzes, den sich die Kirche in bester Absicht und ohne Gewalt schaffen wollte, verlassen, indem er der gewaltsamen Zurückführung der Ketzer in den Schoß der Kirche das Wort redet. Noch immer aber war die Inquisition nicht das, was sie später geworden ist: *Sie wuchs in ihrer Ausartung mit der Macht der Kirche.*

Sehr ähnlich war es mit dem *Hexenprozesse* und dem *Hexenglauben* überhaupt. Die altdeutsche Hexe, hagazisse (von hag, Hain), war ursprünglich Hainpriesterin oder vielleicht eine Art Waldgöttin; wohl glaubten die alten Germanen daran, dass sie Wettermacherinnen seien, doch das Prinzip des Bösen, der Teufel, wurde erst nach der Christianisierung der germanischen Welt mit den Hexen in Verbindung gebracht, und zwar aus einem ganz wohlgemeinten Grunde: Man wollte die jungen Christen abhalten, insgeheim an den Waldfesten der heidnischen Germanen, die des Nachts stattfanden, teilzunehmen. Später wurde Todesstrafe auf die Beteiligung an heidnischen Versammlungen gelegt und der Hexenprozess wuchs zu seiner Ungeheuerlichkeit mit dem Glauben an den Hexensabbat, das Hexenabendmahl, die Hexenfahrt und dergleichen mehr, ja die Verblendung ging so weit, dass sich Leute fanden, die den *Hexenglauben allen Ernstes wissenschaftlich, freilich pseudowissenschaftlich, behandelten*, so will ich nur den »*Hexenhammer*« (Malleus maleficarum) anführen, welcher von dem päpstlichen Inquisitor *Jacob Sprenger* verfasst, im Jahre 1489 zu Köln gedruckt wurde, den Hexenglauben in ein förmliches System brachte und den eigentlichen Hexenprozess als gerichtliches Verfahren begründete. Es ist darin die Rede von der Hexerei in ihren Arten und Wirkungen, von den Gegenmitteln wider dieselben und endlich von dem Prozessrechte in Hexensachen. Also eine Verirrung der Wissenschaft in ausgesprochenster Form.

Obgleich auf einem ganz anderen Gebiet, zeigt auch das Zunftwesen denselben Weg vom lobenswerten schönen Anfange bis zur Entartung in Machtmissbrauch und Ungerechtigkeit und bis zur Abschaffung beziehungsweise Reorganisation der alten gewerblichen Vereinigungen. Zuerst waren die Gilden und Handwerkszünfte nur darauf bedacht, die Interessen der Gewerbetreibenden und Kaufleute dort zu fördern, wo der Einzelne zu schwach dazu war, sie wahrzunehmen; und was wurden sie im Laufe der Zeit?: zu einem Institut, welches die Privilegien der selbstständigen Meister beschützte, jungen Kräften nicht gestattete, sich eine Selbstständigkeit zu erringen, ja so weit ging, dass es ganz von dem Willen derjenigen, *welche die Macht dieser Einrichtung in Händen hatten*, abhing, wie groß die Zahl der Werkstätten in einem Handwerk und an einem Ort sein durfte. Die Institution fiel wie die anderen. Das neue Innungsgesetz des Deutschen Reiches vom Jahre 1881 und schon früher die Einführung der Gewerbefreiheit in Österreich im Jahre 1859 hat einen ganz anderen, neuen Begriff von gewerblichen Vereinigungen geschaffen.

Und was war die verlästerte »*heilige Vehme*« ursprünglich? Die Fem- oder Freigerichte sind eine altgermanische Rechtsinstitution, welche später mit dem Rechte des Blutbannes vom Kaiser ausgestattet worden ist und insbesondere in der rechtlosen Zeit des Faustrechtes und des Interregnums eine wahre Wohltat für Deutschland war, weil man wenigstens vor diesen heimlichen Gerichten eine heilige Scheu empfand. Auch waren das Verfahren und die Einrichtung der Femgerichte im Wesentlichen dem der anderen altdeutschen Gerichte ähnlich. Die Ausartung dieser Gerichtsbarkeit *hatte zunächst ihren Grund in der Macht derer, die dem geheimen Bunde angehörten, sodass nichts mehr vor der Verfemung schützte, als die Mitgliedschaft an dem Femgerichte.* Das Urteil wurde immer rascher gefällt, die Formen, denen die Öffentlichkeit, die Verteidigung, ja oft die Bekanntgabe des Urteils fehlten, wurden immer geheimnisvoller, bis es als gleich galt, angeklagt, verurteilt und hingerichtet zu werden: *Tausend Hände waren stets bereit, das geheime Urteil des Femgerichtes zu vollstrecken.* Lange, hie und da bis heute, haben sich in Polizeifällen die lächerlich gewordenen Formen der Femgerichte erhalten.

Ganz ähnlich verhält es sich mit den *Lynchgerichten* in Nordamerika. Die staatliche Justiz reichte nicht hin, Verbrechen häuften sich auf Verbrechen, sodass die wehrlosen Ansiedler gezwungen waren, zur Selbsthilfe zu greifen. Ursprünglich waren die Formen dieser Gerichtsbarkeit auch sehr strenge, die Prinzipien der Öffentlichkeit, der Verteidigung, der Zeugenaussage und der Geschworenen aufrecht gehalten. Als aber die Mitglieder der Lynchgerichte örtlich *immer mehr an Macht gewannen*, da wurde das sogenannte Lynchgesetz zu einem wahren Schrecken. Unter dem Namen »Regulatoren« schweiften Banden umher, die nicht immer aus ehrlichen Ansiedlern bestanden, und lynchten nicht allein Pferdediebe und andere Verbrecher, sondern missbrauchten ihre Macht oft zur persönlichen Rache an Leuten, die nichts verbrochen hatten, zur Beseitigung von ihnen gefährlichen Zeugen und dergleichen mehr.

Das moderne Irrenwesen nun war nach Beseitigung der unmenschlichen Narrentürme durch die besten Intentionen entstanden; die schöne Idee der Heilung geistiger Gebrechen durch Heilung des Körpers ist der Träger des heutigen Irrenwesens. So aber gelangte dasselbe ganz in die Hände der Ärzte, schuf eine Macht dieses Standes, die anfangs unbewusst geübt und ehrlich, wenngleich dem Irrtum unterworfen, gehandhabt wurde. Es war ein großer Fehler, das Recht im Irrenwesen an den Heilzweck desselben zu binden; denn beides, Recht und Heilung, hing nun von denselben Ärzten ab, *die, wie kein anderer Stand, in Ausübung ihres Berufes dem Irrtum unterworfen sind*; man bedenke nur, dass, wenn jemand, mit irgendeiner Krankheit behaftet, zu mehreren verschiedenen Ärzten geht, um über seinen Zustand aufgeklärt zu werden, er *auch ebenso viele verschiedene Diagnosen* hören wird. *Die Diagnose im Irrenwesen bedeutet aber ein Urteil über den geistigen, wirtschaftlichen und sozialen Tod, also einen Rechtsspruch von allerhöchster Bedeutung.* Da nun einmal die Macht dieses Rechtsspruchs den Ärzten zustand, so gewöhnten sie sich an diese Macht – und wie oft sie missbraucht wurde? Wer vermag das zu sagen?

Die Missbräuche aller jener Institutionen, die wir angeführt, haben vereinigt im Irrenwesen das Bürgerrecht empfangen. Die Untersuchung geschieht in einer Weise, die Hohn spricht allem Fortschritte und Hohn der Erforschung der *Wahrheit* in jedem einzelnen Falle. *Gerüchte, die niemals bewiesen zu werden brauchen*, weil die Zeugen dem Verdächtigen nicht gegenübergestellt werden, bilden die Grundlage der Anklage, wie im Inquisitionsverfahren und im Hexenprozess. Falsche Anschauungen und pseudowissenschaftliche Doktrinen lenken die Meinung der Ärzte und des Publikums, wie ehemals der »Hexenhammer« Sprengers. Tausend Hände waren einst bereit, an dem Verfemten das Urteil des Freigerichtes zu vollstrecken; tausend Zungen sind heute bereit, den einen Narren zu nennen, der einmal, wenn auch ungerechtfertigterweise, das Unglück hatte, dem modernen Femgerichte des Irrenwesens zu verfallen, *oder von dem auch bloß, wenn auch unwahr, das Gerücht geht, dass es so wäre.* Die Folter der Inquisition und des Hexenprozesses, sie sind im Irrenrechte umgewandelt in eine *geistige Folter*, die dem geistig Gesunden angelegt wird, bis man die Berechtigung gewonnen zu haben glaubt, zu behaupten, dass er nicht gesund sei, damit er entweder vernichtet oder durch die Kunst der Ärzte geheilt werde – wie man es eben braucht.

So mehren sich, wie im Hexenglauben und der Hexenverfolgung sich einstens die Zahl der Hexen wahrhaft fürchterlich vermehrt hat, heute die Fälle des Irrsinns. Je systematischer das Hexenwesen wurde, desto mehr Hexen wurden entdeckt, je ausgebreiteter und pseudowissenschaftlicher das Irrenwesen, umso mehr Irre wurden gefunden – und da suchte man nach den *Ursachen* überall, nur nicht dort, wo sie sind. *Je bereitwilliger man ist, an den Irrsinn des Verdächtigen zu glauben, je weniger man ihnen Gelegenheit gibt, sich zu verteidigen, desto mehr Irrsinnige müssen logischerweise entdeckt werden, je mehr Verdächtige aber entstehen, desto größer muss die Zahl derer werden, die durch die geistige Folter dazu gestempelt werden.*

Ich habe mich hier bemüht, in großen Zügen das Bild zu entwerfen, welches ich im Detail über das heutige Irrenrecht in den folgenden Kapiteln auszuführen gedenke, um zu beweisen, *dass das Recht im Irrenwesen von dem Heilzwecke desselben vollständig getrennt werden muss.*

Kritik

Blüte edelsten Gemütes
Ist die Rücksicht, doch zu Zeiten
Sind erfrischend wie Gewitter
Gold'ne Rücksichtslosigkeiten.

Theodor Storm

Mannigfache Faktoren sind es, welche das bestehende Irrenrecht überall zu einem systemlosen Konglomerat von Gesetzen und Verordnungen gemacht haben, die sich oft in der Weise widersprechen, dass eigentlich nur diese es sind, welche angewandt werden, und so ein Verwaltungsverfahren zur Folge haben, in welchem zumeist ein Polizeibeamter und ein Arzt die entscheidende Rolle spielen, während die Gerichte nur sehr selten in Aktion treten, um ein bestehendes Gesetz anzuwenden.

Das positive Irrenrecht der heutigen Tage fußt fast in der ganzen Welt auf Grundsätzen, wie sie sonst in keinem Rechtsgebiete zu finden sind, ja es stößt Prinzipien um, die sonst heiliggehalten werden.

Während sonst der Grundsatz gilt, es sei besser, 99 Schuldige straflos zu lassen, denn *einem* Unschuldigen die Freiheit zu rauben, macht man sich kein Gewissen daraus, die hauptstädtischen Beobachtungsanstalten mit einem Menschenmaterial zu füllen, das fortwährend wechselt und von dem ein überwiegender Prozentsatz nach kurzer aber unverdienter Freiheitsberaubung wieder freigelassen werden muss. Der Grundsatz dieses Verfahrens heißt: *die zwangsweise Heilung Geisteskranker*. Während sonst das Recht weit über die Gesundheit des Einzelnen gestellt wird, will man hier die Gesundheit des Einzelnen schützen und empfängt damit das Recht, *dessen Rechte zu vernichten, sein moralisches und wirtschaftliches Leben von seinem physischen Dasein zu trennen*.

Diese kurzen Andeutungen, auf welche wir nach dem Plane dieses Buches betreffenden Ortes wieder zurückkommen werden, sind genügend, um die große Rechtsunsicherheit auf dem Gebiete des Irrenwesens ahnen zu lassen und die Zeit als gekommen zu erachten, »die baldige Inangriffnahme eines – ordentlichen Irrengesetzes überall – zu empfehlen, damit nicht, wenn sich erst einmal Besorgnisse verbreitet haben, die Angelegenheit unter sehr viel ungünstigeren Verhältnissen geordnet werden muss[4].

---

[4] Jolly, Irrenpflege in Schönbergs Handbuch der politischen Ökonomie, II, S. 561;

Ursachen und Folgen der bestehenden Anschauungen und der positiven Gesetzgebungen sind von so großer und unausgesetzter Wechselwirkung, dass sich die aus den ersten Ursachen herausgebildeten Folgen heute bereits wieder als Ursachen des Fortbestehens unserer Zustände auf diesem Rechtsgebiete darstellen.

Wenn wir als Ursachen der bestehenden Rechtsunsicherheit vor allem die *Interessen des ärztlichen Standes, seine menschlich begründeten Schwächen, wie Forschungssucht und Eitelkeit* und das *soziale Misstrauen gegen solche, die irgendjemand einmal irrsinnig genannt hat*, hinstellen, so erscheint uns das *schlechte, weil oft gesunde Material zum Studium der Geisteskrankheiten* schon als Folge jener Ursachen. Diese Folge wird aber wieder zur Ursache für die *falschen Prämissen der Heilkunde* und für die ungerechtfertigte *Verquickung der Begriffe der Geisteskrankheit und der Gehirn- und Nervenkrankheiten*.

Und alle diese Momente, sie sind heute Ursache des Umstandes, dass ganz falsche gegen das Gerechte, το δίχαιον, verstoßende Prinzipien auf dem Gebiete des Irrenrechtes gelten.

Ich will, um auch meiner *Kritik* ein System zu unterlegen, zuerst in kurzen Strichen – nur das Bedeutungsvolle und Charakteristische herausgreifend – das bestehende Recht der maßgebendsten Staaten skizzieren, dann die Ursachen der heute geltenden Gesetzgebungen behandeln, darauf die Prinzipien, welche aus diesen Ursachen hervorgewachsen und bis heute kaum angetastet worden sind, einer Kritik unterziehen, um endlich auch der schrecklichen Folgen zu gedenken, welche durch die geltenden Rechte und Anschauungen oft herbeigeführt worden, und die fortwirken – fortzeugend, wie alles Böse, alles Unrecht.

A. Das positive Recht[5]

Wir wollen mit den mangelhaftesten Gesetzgebungen beginnen, um mit der französischen zu schließen.

Das *deutsche* Irrenrecht entbehrt jeden Systems; Verordnungen der Einzelstaaten und Anstaltsreglements bilden ein rechtloses Verfahren, welches allerdings in den Händen gewissenhafter Menschen ungefährlich, gewiss aber nicht beruhigend ist. Die Bestimmungen über die Aufnahme und Entlassung der Kranken, über Visitationen und dergleichen mehr sind überall andere. Die endgültige Erklärung, dass jemand geisteskrank sei und ihm darum ein Vormund zu bestellen ist, steht nach dem bürgerlichen Rechte nur den Gerichten zu. Es ist demnach derjenige, welcher Vermögen besitzt und dem ein Kurator bestellt werden muss, in seiner persönlichen Freiheit weit gesicherter als der Arme; denn dieser kann oft über Polizeibeschluss seiner persönlichen Freiheit unter dem Titel der Geisteskrankheit beraubt, jener – wenigstens auf die Dauer – nur durch ein richterliches Urteil in eine Anstalt untergebracht werden. – Die Beschwerdeführung wegen ungerechtfertigter Inhaftnahme aufgrund angeblicher Geisteskrankheit ist überaus schwer, wenn nicht unmöglich.

Das *österreichische* Recht ist wenig besser, aber wenigstens einheitlich. Die Inhaftnahme eines Verdächtigen ist überaus einfach: Ein Polizeibeamter und *ein* Arzt beschließen seine Überführung auf die Beobachtungsanstalt. Während die dauernde Unterbringung in eine Irrenanstalt auch hier eines gerichtlichen Urteils bedarf, gegen welches von dem als geisteskrank Geltenden selber oder seinem Anwalt der Rekurs ergriffen werden kann, ist es möglich und geschieht tatsächlich, dass über Polizeibeschluss oder das Zeugnis *eines* Arztes *und* das Verlangen eines Verwandten jemand wochenlang unter Beobachtung gehalten wird, ohne dass es zu einem gerichtlichen Urteil zu kommen braucht.

---

[5] Eine vollständige Sammlung der europäischen Gesetzgebungen findet sich in der Allgemeinen Zeitschrift für Psychiatrie, XIX, Suppl. 1862;

Nach *englischem* Rechte ist die Aufnahme in eine Irrenanstalt nicht so durch ein kompliziertes Verfahren, als dadurch erschwert, dass man ein großes Gewicht auf den Unterschied zwischen *gefährlichen* und *ungefährlichen* Geisteskranken gelegt, und dem Moment der Beaufsichtigung und Inspektion der Irrenanstalten durch vollständig unparteiische Männer aus dem *Laienstande* im Interesse des Schutzes der persönlichen Freiheit volle Rechnung getragen hat, sodass wenigstens in letzter Richtung das englische Recht nichts zu wünschen übrig lässt. Die Aufnahme in eine Anstalt kann von zwei Friedensrichtern, in dringenden Fällen von einem Friedensrichter, aber auch vom Ortsgeistlichen und dem Armenaufseher verfügt werden; ja jede Privatheilanstalt darf aufgrund eines in bestimmter Form ausgestellten Zeugnisses den Kranken aufnehmen. Dagegen werden in öffentlichen (Grafschafts- und Stadt-) Anstalten nur die in einem Strafprozess wegen Geisteskrankheit Freigesprochenen oder in der Voruntersuchung als geisteskrank Befundenen, oder sonst unter Umständen, welche auf Geisteskrankheit mit verbrecherischer Neigung hindeuten, Ergriffenen aufgenommen. Jede Anstalt untersteht einer staatlichen Oberaufsichtsbehörde, welche bei ihren häufigen Visitationen Personen, die ohne genügenden Grund festgehalten werden, sofort entlassen kann, dasselbe Recht steht aber *überdies* noch einem von den Friedensrichtern bei ihren Quartalssitzungen ernannten Aufsichtskomitee zu.

Über die Gesetzgebung der *Vereinigten Staaten* von Nordamerika ist im Allgemeinen zu erwähnen, dass für irrsinnig nur derjenige gehalten wird, der von *mehreren Ärzten als unfähig bezeichnet wird, das Gute vom Bösen, das Recht vom Unrecht zu unterscheiden*. Sonst ist das relativ Beste aus der englischen und französischen Gesetzgebung entlehnt.

Das *französische* Irrenrecht ist das relativ vollkommenste, es übt Vorsicht in der Aufnahme der Kranken nach jeder Richtung hin, es sorgt für öftere Visitationen der Anstalten und für die Möglichkeit einer raschen Entlassung.

Jolly[6] skizziert dasselbe trefflich, wie folgt: »Die Aufnahme eines Kranken in eine Anstalt erfolgt entweder auf Antrag irgendeiner Privatperson oder auf Befehl der Behörde. Ersterenfalls muss der Antrag *schriftlich* gestellt werden und ist mit einem Pass oder sonstigem Identitätsnachweis der aufzunehmenden Person und mit einem ärztlichen Zeugnis, welches die *Notwendigkeit* der Aufnahme des Kranken in eine Anstalt konstatiert, zu belegen; in dringenden Fällen ist das ärztliche Zeugnis entbehrlich. Der Präfekt kann in einem motivierten Beschlusse die Unterbringung eines Kranken in einer Anstalt anordnen, wenn derselbe die öffentliche Ordnung oder die Sicherheit der Personen gefährdet; in dringenden Fällen kann die Ortspolizei die notwendigen provisorischen Anordnungen treffen. Die Unterbringung wird aufgehoben durch *Gerichtsbeschluss auf eine vom Geisteskranken selbst, seinem Vormund, einem Verwandten, einem Freund oder dem Staatsanwalt erhobene Beschwerde*, ferner durch Beschluss des Präfekten und endlich – wenn die Unterbringung nicht auf einem Befehl des Präfekten beruht – sowohl durch die Gesunderklärung der Amtsärzte als aufgrund der Entlassungsforderung der nächsten Verwandten oder desjenigen, der die Unterbringung herbeigeführt hat, vorausgesetzt, dass der Präfekt nicht im Interesse der öffentlichen Ordnung und Sicherheit die Festhaltung beschließt. – An diese Bestimmungen reihen sich dann solche an, welche den zur Entlassungsverfügung zuständigen Behörden das zur Begründung solcher Verfügungen notwendige Material liefern und die fortwährende Übereinstimmung der Anstaltsverwaltung mit den bestehenden Vorschriften sichern sollen. Der Präfekt und die von ihm oder dem Minister ermächtigten Personen, ferner der Gerichtspräsident, der Friedensrichter und der Maire haben die öffentlichen und die Privatanstalten von Zeit zu Zeit zu visitieren; der Staatsanwalt hat die öffentlichen Anstalten mindestens zweimal, die Privatanstalten mindestens viermal jährlich zu besuchen. Wenn ein Kranker auf Antrag einer Privatperson aufgenommen worden ist, hat

---

[6] In Schönbergs Handbuch der politischen Ökonomie, II, S. 559;

der Anstaltsdirektor innerhalb 24 Stunden dem Präfekten Anzeige zu erstatten, welcher das mit dem Kranken übergebene ärztliche Zeugnis und ein Zeugnis des Anstaltsarztes beizufügen ist. *Der Präfekt benachrichtigt den Staatsanwalt* und entsendet, wenn der Kranke in eine Privatanstalt aufgenommen worden ist, einen Arzt, welcher den Gesundheitszustand desselben untersucht. Nach Verlauf von 14 Tagen hat der Anstaltsarzt dem Präfekten ein eigehendes Gutachten zu erstatten und alle sechs Monate hat der Anstaltsvorstand demselben über alle Pfleglinge zu berichten. Der Präfekt hat bezüglich der auf seinen Befehl aufgenommenen Kranken alle sechs Wochen über die Fortdauer oder Aufhebung der Festhaltung zu beschließen. Wenn in der Zwischenzeit zwischen zwei Semestralberichten die Ärzte die Entlassung eines auf polizeilichen Befehl aufgenommenen Kranken als möglich erkennen, haben sie dem Präfekten sofort Anzeige zu erstatten. Die Unterbringungsbefehle und die halbjährigen Erneuerungen derselben hat der Präfekt *dem Staatsanwalt* und der Familie des Kranken mitzuteilen. Über jeden Pflegling muss in der Anstalt ein Protokoll geführt werden, in welches der Arzt mindestens einmal monatlich seine Beobachtungen einzutragen hat und welches den Beamten, welche die Visitationen vornehmen, jedes Mal vorzulegen ist.« – Der Mangel der französischen Gesetzgebung liegt insbesondere darin, dass eine *Dringlichkeit* in Bezug auf die Unterbringung eines Verdächtigen anerkannt wird.

B. Ursachen der heutigen Rechtszustände

Die Ansichten über Recht und Unrecht wechseln auf jedem Rechtsgebiete; sie verdrängen sich jedoch nur langsam und schwer, und selbst wenn eine neue Auffassung bereits Wurzel gefasst und allgemein geworden ist, wuchert die alte wie Unkraut noch hie und da fort.

Das Irrenwesen war einmal ganz okkupiert von der Religion; denn der Geisteskranke galt für einen vom Teufel Besessenen im alten, für einen Seligen im neuen Testamente –

»Selig sind die Armen im Geiste; denn ihrer ist das Himmelreich« lehrt Christus, und was ein Geisteskranker sprach, wurde in prophetischem Sinne aufgenommen.

Noch sind beide Anschauungen nicht ausgerottet, hier lebt diese dort jene fort, obgleich längst schon der Grundsatz, den der Bonner Professor Nasse zuerst aufgestellt hat: »Die geistige Gebundenheit ist stets in Krankheitszuständen des Nervensystems, speziell des Gehirns zu suchen«, allgemein anerkannt ist.

Mit diesem Grundsatz, der nicht mehr sagen will, als er sagt, und an und für sich wahr und richtig ist, wurde jedoch der Geisteskranke nicht allein zur *Heilung*, der alleinigen Aufgabe des Arztes, aber auch zur Verurteilung einer Freiheitshaft an den Arzt überliefert. Nicht das körperliche allein, sondern auch das *rechtliche* Moment des Irrenwesens fielen an den Arzt, und damit erhielt im sozialen Leben der ärztliche Stand eine Machtstellung, die er früher nie besessen hatte, die ihm nicht zukommt, die jedoch sein Ansehen hob und seinen Einfluss auf alle Gebiete des öffentlichen Lebens ausdehnte.

Wie ist es anders möglich, als dass der ärztliche Stand, unterstützt von geltenden Vorurteilen, diese soziale Machtstellung auch zu wahren und zu erweitern strebt, dass er einerseits die für ihn günstigen Verhältnisse nährt und seine Kunst als eine μάθησις μυστική behütet, dass das Volk in dem Glauben an die ärztliche Autorität erhalten wird, dass andererseits die allgemein menschlichen Schwächen der Ärzte wie Eitelkeit, Bequemlichkeit und dergleichen mehr ein oft gesundes Material in die psychiatrischen Kliniken schleppen, dass man dadurch falsche, weil eben an Gesunden gefundene Symptome von Geisteskrankheiten entdeckt zu haben glaubt, dass endlich nerven- oder gehirnkrank auch geisteskrank heißen muss, wenn nicht der eine oder andere Patient der Zwangsbehandlung sich entziehen soll: Dass schließlich Lehrsätze aufgestellt worden sind, die dem gesunden Menschenverstande ins Gesicht schlagen, nur um die Autorität des ärztlichen Standes in um ein so mystischeres Licht zu rücken.

1. Die Interessen des ärztlichen Standes

Der Kampf der Stände ist keine neue Erscheinung, wenngleich sie erst in der Neuzeit zu deutlichem Durchbruch gelangt ist, weil sie früher versteckt hinter dem Kampfe der Religionen, später dem der Nationen lag.

Der Kampf der Stände war immer da: Zuerst war es die Kaste der Krieger, welche Sieger blieb, dann die der Priester, endlich die der Gelehrten; bis das Zeitalter der *Staatsbürgerschaft* aus dem freien Amerika mit der Französischen Revolution ihren siegreichen Einzug in das alte Europa hielt. Aber so schnell fasste die Idee der vollen, ehrlichen Rechtsgleichheit aller Bürger in dem ausgesogenen, mit alten Vorurteilen immer aufs Neue gedüngten Boden Europas nicht Wurzel. Noch immer wuchert das alte Unkraut der *ständischen* Ordnung unter dem stolzen Bau der *staatsbürgerlichen Gleichheit* fort: Noch immer hat der Aristokrat sein soziales Übergewicht über den Bürger, der Priester seine Macht auf das Volk, der Gelehrte endlich seine unbedingte Autorität, das alleinige *Recht des Wissens* behalten und – sagen wir es offen – treibt oft, zu oft Missbrauch mit diesem ererbten Standesvorrechte. Jeder Stand strebt auf dem Boden, auf dem ihm einmal eine größere Machtentfaltung eingeräumt worden ist, Herr zu bleiben, so auch der Arzt.

Und man wolle mich nicht missverstehen. Wer brächte nicht der ehrlichen Forschung, der selbstlosen Geistesarbeit und insbesondere den Fortschritten der Heilkunde alle Hochachtung, ja ihren würdigen Vertretern alle Verehrung entgegen. Ist doch die Mission des Arztes eine erhabene, dem Kranken das hohe Gut der Gesundheit wiederzugeben. Aber diese Mission ist seine einzige; Recht zu sprechen ist der Beruf nur des Richters, wie es die Aufgabe der Priester niemals war, sich über das sittliche und moralische Wirken hinaus in weltliche, politische und soziale Angelegenheiten zu mischen.

Die Medizin gilt aber heutzutage als eine μάθησις μυστική, eine Wissenschaft, die von keiner anderen kontrolliert und geprüft wird – und daher ihr Einfluss; er ist so geheimnisvoll, wie es der der Kirche ursprünglich war, bis sich die in religiöse Banden geschlagenen Geister gegen ihre Macht aufgelehnt und das Recht der Kirche unter das des Staates gestellt haben.

Die Macht der Priester ist auf die Ärzte übergegangen. Wer die Gewalt hat, über den Geist seiner Mitmenschen zu urteilen, der hat diese große, geheimnisvolle Macht. Diese Gewalt hatten zuerst die Priester, sie urteilten, heilten und trösteten, heute haben sie die Ärzte, sie urteilen und heilen. Es ist aber der Beruf des Priesters nur zu trösten, der des Arztes nur zu heilen, und der des Richters zu urteilen.

Es liegt im Interesse der Machtstellung des ärztlichen Standes, sein Metier als eine geheimnisvolle Kunst zu erhalten: Wie die katholische Kirche, so hüllt auch sie sich in den Mantel einer toten Sprache, um geheimnisvoll und unverstanden zu bleiben.

Und ist denn diese Machtstellung der Ärzte wirklich eine so große[7]?

Wer zweifelt daran? Sie macht sich auf allen Gebieten geltend; denn das ärztliche Wissen ist ein Privilegium, und niemand anderer traut sich eine Angelegenheit zu beurteilen, die nur halbwegs in das Gebiet der Medizin hineinragt, ja niemand anderer hat das Recht hierzu, wenn er noch so viel Verständnis dafür hätte.

Während auf anderen Forschungsgebieten in den heutigen Tagen sich der Berufsgelehrte mit dem sogenannten Laien zu gemeinsamer Arbeit vereint, während der Rechtsgelehrte und der Deputierte, der Nationalökonom und der Bauer und der Geschäftsmann, der Zoologe und der Reisende, der Jäger und Fischer, der Botaniker und Gärtner, der Mineraloge und der Bergmann etc. Hand in Hand arbeiten, hat sich der Arzt immer mehr und mehr abgeschlossen und gestattet niemandem zu wissen, wozu nur er das Recht des Wissens hat.

---

[7] Am 11. Mai 1887 nannte Dr. Max Menger im österreichischen Abgeordnetenhause die Macht der Ärzte wörtlich »größer als die des Kaisers Majestät und des Obersten Gerichtshofes.«

Während die Öffentlichkeit auf jedem Wissensgebiete das Recht der Kritik übt und alle Neuerungen und Errungenschaften auf ihren Wert prüft; während das Gerichtsverfahren öffentlich ist, die Verhandlungen der gesetzgebenden Körper durch die Presse reproduziert, neue Gesetzentwürfe kritisiert werden, die Disziplinen aller Fakultäten Gemeingut der Menschheit sind, hält sich die Medizin allein in mittelalterlicher Abgeschlossenheit und beansprucht für sich den vollen Glauben an ihre Autorität. –

Der Arzt ist nicht allein Arzt, er ist auch insbesondere Richter, und das ist, wie überall, *wo zwei Stellungen, die sich gegenseitig stützen, in einer Hand verbunden sind*, der Grund einer Macht, die den, der nicht ein moralisch vollkommener Mensch ist, zu Missbrauch zu verleiten geeignet ist. Und sind denn gerade alle Ärzte moralisch vollkommene Menschen? Es gibt gewiss welche, ja ohne Zweifel viele, die sich zu einem Missbrauch ihrer Macht nie werden verleiten lassen – aber sind von diesen vielen denn auch alle immer gewissenhaft, niemals zur Bequemlichkeit geneigt, niemals oberflächlich? Ein Richter jedoch darf nie bequem, nie oberflächlich sein. Es mag aber auch ein sehr gewissenhafter Arzt noch immer ein oberflächlicher Richter sein, weil er eben Arzt und nicht Richter sein soll.

Der Arzt richtet den Totschläger, den Mörder, den Brandleger, *er vermag ihn vom Tode zu befreien* oder von langjähriger Kerkerhaft, indem er ihn als geisteskrank erklärt; *er entzieht den Verbrecher seinem ordentlichen Richter*, eine Machtentfaltung, welche dem Geiste der Staatsgrundgesetze aller modernen Staaten ins Gesicht schlägt. Man werfe nicht ein, dass dies auf legalem Wege geschehe; denn eben dagegen wende ich mich ja, dass der Arzt zugleich *legaler* Richter sei; *ordentlicher* Richter ist er nicht, das kann nur die nach wissenschaftlichen Grundsätzen wohl organisierte Gerichtsbehörde sein.

Der Arzt vermag zu befreien, er vermag auch zu *verurteilen*. Wen er als geisteskrank erklärt, gilt durch den ärztlichen Ausspruch *allein* als solcher und verliert seine persönliche und wirtschaftliche Freiheit, sein ganzes sittliches Dasein – er verliert mehr als der Verbrecher.

Das ist eine gefährliche Macht. Durch sie wurde der ärztliche Stand stark; wie viele mag sie angesehen, wie viele reich gemacht haben? Das bleibt ein Geheimnis, wie jenes der Erwerbung des Reichtums der Klöster und Bischöfe! Nur dann und wann dringt eine Vermutung in das Volk; ein Roman, ein Drama, eine Anekdote beschäftigt für Augenblicke die erstaunende Menge mit dem Gedanken – *der Arzt ist ja auch Richter.*

Warum aber die Gerichte mit dem ärztlichen Missbrauch der Amtsgewalt insbesondere auf dem Gebiete des Irrwesens meines Wissens noch niemals beschäftigt worden sind, werde ich an anderem Orte besprechen; es ist das Kapitel, welches Gambetta zu seinem Gesetzentwurfe veranlasst hat.

Der ärztliche Stand strebt diese seine Macht zu erhalten, ja zu erweitern, und dieses Streben mag ja bei der Mehrheit ein edles sein, indem sie meint, durch dieselbe schneller und besser in ihrem eigentlichen Berufe wirken zu können. Aber selbst wenn diese Anschauung richtig wäre, so ist sie dennoch vom Standpunkte des Rechtes falsch und verwerflich, weil einerseits die persönliche Freiheit weit über der Gesundheit steht und weil andererseits durch eine solche Machtverquickung durch Irrtum oder Absicht ein Unrecht sehr leicht möglich ist.

Aber auch im Allgemeinen spielt das Interesse des ärztlichen Standes eine große Rolle auf dem Gebiete des Irrenwesens. *Je mehr es Geisteskranke gibt, desto mehr Irrenärzte kann es geben.* Es liegt also im Interesse des Standes, *die Grenzen*, innerhalb welcher ein Mensch für geisteskrank erklärt werden kann, *recht weit auszudehnen*; es liegt ferner im Interesse dieses Standes, dass der so gewonnene Geisteskranke auch einer *Zwangsbehandlung* unterworfen wird, dass die *Aufnahme* in eine Anstalt, die *Entlassung* aus derselben von ihm in erster Linie abhängig sei, und wir haben gesehen, dass es nach heutigem Irrenrechte auch tatsächlich überall so und hie und da erst eine gesetzliche Erschwernis gegen diese Interessen des ärztlichen Standes in einer oder der anderen Richtung aufgestellt worden ist.

2. Die menschlichen Schwächen der Ärzte

Eine allgemein menschliche Schwäche ist niemandem zum Vorwurf zu machen, wohl aber darf die Gesetzgebung dafür verantwortlich gemacht werden, wenn sie nicht an solche Schwächen denkt und dieselben durch weise Verfügungen zu paralysieren sucht.

Da ist vor allem anderen die *Oberflächlichkeit* und *Bequemlichkeit* der Untersuchung eine Gefahr, die in der rein menschlichen Schwäche desjenigen, der seines Amtes walten soll, beruht, und auf welche in der Irrengesetzgebung fast gar nicht Bedacht genommen ist. Ein Gegengewicht dieser Schwäche, welcher die bürgerlichen und Strafgesetze überall Rechnung tragen, wären auch auf dem Gebiete des Irrenwesens die Untersuchung und Beurteilung durch mehrere unparteiische Richter und das Rechtsmittel der Nichtigkeitsbeschwerde.

Eine weitere menschliche Schwäche, die hier in Betracht kommen muss, ist die Eitelkeit, welche auf unserem Gebiete schon manches Unheil angerichtet hat: die Eitelkeit, sich durch ein geistreiches Parere[8] auszuzeichnen, bei welchem die betroffene Person durchaus Nebensache, *das medizinische Pensum die Hauptsache ist!* So entstehen medizinische Gutachten, die eine sehr schöne, ja theoretisch und wissenschaftlich genommen sehr wertvolle Arbeit darstellen mögen, die jedoch auf den gegebenen Fall nicht passen und dennoch passend gemacht werden, Gutachten, in welchen oft ein ganzes Kapitel aus einem Lehrbuch der Psychiatrie abgeschrieben ist, *welche die Bewunderung der Kollegen erregen* und dennoch in Bezug auf die betroffene Person ganz und gar unrichtig sind – in den Händen solch eitler Ärzte ist ein Lehrbuch der Psychiatrie wie ein Rasiermesser in der Hand eines nachahmungssüchtigen Vierhänders. Nach dem Parere wird der angeblich Kranke betrachtet und beurteilt, es ist die Grundlage der Beobachtung und Behandlung. Und nun glaubt man, eigentümliche Beobachtungen gemacht zu haben: *Der Kranke stellt sich gesund!* Ein Satz,

---

[8] Parere (lat.) Gutachten, Rat, Meinung (Anm. d. Herausg.);

wie er unsinniger in keiner Wissenschaft aufgestellt worden ist, der so recht lebhaft an die mittelalterlichen Hexenprozesse erinnert und wirklich auch mit nichts anderem verglichen werden kann.

Ähnliches Unheil stiftet die *medizinische Forschungssucht*. Der Drang, Unbekanntes zu ergründen, ist ein anerkennenswertes Streben, aber da sind vor allem *Ursache und Wirkung* streng auseinanderzuhalten, was, wie wir später sehen werden, oft gar verwechselt wird. Die blinde Forschungssucht ist im Irrenwesen von wissenschaftlichen, ja von sozialen Vorurteilen getragen. Wie oft kommt es vor, dass ein ganz gesunder Mensch mit starkem Temperament, mit heftigen Leidenschaften, zumal nach stürmischen Gemütsbewegungen, die durch Katastrophen in seinem Privatleben erzeugt worden sind, bei den heutigen Rechtsanschauungen und dem heutigen Verfahren, das ja überdies auch der bösen Absicht Tür und Angel offen hält, in den Verdacht der Geisteskrankheit kommt und aufgrund eines geistreichen Pareres einer Anstalt überantwortet wird. Nun finden sich jedoch bei längerer Beobachtung keine Symptome des Irrsinns, welche die Wissenschaft bereits kennt; da wird nun nach neuen Symptomen gesucht, der arme Pseudopatient bewacht, untersucht und in fortwährender Aufregung erhalten, *weil der Arzt gar nicht an die Möglichkeit denkt, einen Gesunden vor sich zu haben.*

»Blüte edelsten Gemütes ist die *Rücksicht*« und das *Mitleid*, sie sind die Früchte sittlicher Kraft, wo sie das Rechtsgefühl nicht verletzen, aber eine erbärmliche Schwäche, ein Zeugnis sittlicher Degeneration, wo sie das Unrecht stützen und das Recht unterdrücken und ihm die Mittel zum Kampfe hinterlistig entwinden. Auch diese Schwäche gehört hierher, und in diesem Sinne sind Rücksicht und Mitleid konventionelle Lügen, Mittel der krassesten Willkür und des gefährlichsten Unrechtes, wie ich an anderer Stelle auszuführen gedenke.

Noch eine menschliche Schwäche von weittragender Bedeutung – *die Wahrung der Standesehre*. Ich kenne viele tüchtige Ärzte, fleißige, gewissenhafte Fachmänner, gute Menschen, ruhige und fortschrittliche Bürger, welche an dem Vorurteile der Standesehre festhalten, ja es als Schmach ansehen würden, gegen diese Standesehre zu handeln. Wie ist es da möglich, dass ein falscher Geisteskranker gegenüber dem Arzte, der als Sachverständiger ihn dafür erklärt hat, vor irgendeinem Forum mit einer Beschwerde wegen ungerechtfertigter Beschränkung der persönlichen Freiheit Recht erhielte? Wenn auch im Beschwerdeverfahren neue Sachverständige befragt werden, sie werden ihrem Kollegen nicht unrecht geben, sie werden die Standesehre wahren. Wir wollen den Volksspruch »es hackt eine Krähe der anderen nicht das Auge aus« nicht anwenden, weil er uns für den ernsten Stoff unwürdig erscheint, indem er ein anderes, verwerflicheres Motiv zur Grundlage hat, als eben das Vorurteil der Standesehre. Dieses ärztliche Vorurteil macht jede Beschwerde wegen Verletzung eines subjektiven Rechtes unter dem Vorwand der Geisteskrankheit geradezu unmöglich und zwecklos, und es ist der letzte Grund für Gambettas Gesetzentwurf gewesen.

Hierher gehört schließlich auch die Schwäche des *sozialen Misstrauens*, von dem sich auch der Arzt nicht zu emanzipieren vermag. *Ist einmal irgendwo das Gerücht verbreitet, dass jemand irrsinnig sei oder war, so glaubt dies der Arzt ebenso wie der andere, er kann sich von dem Einflusse klatschhafter Gerüchte ebenso wenig befreien, wie sonst jemand: Er unterliegt dem Vorurteil der Zeit und des Ortes wie jeder andere.* Jede Kleinstadt lehrt uns, wie selten der Mensch ist, der sich von den in ihr herrschenden Meinungen über Personen zu emanzipieren auch nur versucht.

3. Das soziale Misstrauen

Das Misstrauen der Gesellschaft ist gegen den Geisteskranken noch weit größer als gegen den Verbrecher. Ist es schon für denjenigen, der einmal eines Verbrechens wegen gestraft war, überaus schwer, sein späteres Fortkommen in der Gesellschaft zu finden, weil er überall einem gewissen Grade von Misstrauen begegnet, so ist es für denjenigen, der einmal für geisteskrank gehalten worden ist, noch weit schwieriger. Die große Menge ist durchaus ängstlich und fürsorglich für ihr Leben und ihre Gesundheit; sie fürchtet den plötzlichen Ausbruch des Irrsinns und der Tobsucht, weil sie es eben nicht ahnen kann, wie viele für irrsinnig gehalten wurden, die niemandem gefährlich waren und niemals gefährlich geworden sind, weil sie nicht weiß, *wie oft Tobsucht künstlich erzeugt wurde.* Ich möchte es jedem gönnen, sich einmal die Bewohner einer Irrenanstalt ansehen zu können; wie viele sind darunter, die jedem Beruhigung einflößen würden. *Und man wolle sich doch selbst in das Feld der Betrachtung stellen,* man möge doch bedenken, wie überaus leicht man selber in den Verdacht des Irrsinns gelangen kann, wie viel leichter als in den eines Verbrechens. Vor dem Verdacht des Letzteren schützt ja doch die bürgerliche Stellung, das Vorleben, ja es schützt einen die Gesellschaft, schützen Verwandte und Freunde, vor dem Verdacht des Irrsinns schützt einen niemand und nichts – *es bemächtigt sich, kaum dass es ausgesprochen, ein gewisses Misstrauen auch der Freunde und Verwandten,* alles Tun und Handeln wird mit ängstlichem Misstrauen beobachtet und oft etwas als verdächtig angesehen, was sonst gar nicht auffallen, ja vielleicht als ein Ausfluss von großem Verstande oder Talente gelten würde.

Das soziale Misstrauen gegen Geisteskranke ist ebenso ungerechtfertigt, wie das mittelalterliche Misstrauen gegen Hexen und Zauberer. Wie unser Jahrhundert über dieses Misstrauen lacht und es unbegreiflich findet, dass es bestehen konnte, so werden kommende Geschlechter über das Misstrauen unserer Tage gegen Geisteskranke lachen.

Das Misstrauen gegen den Verbrecher ist alt, und seit alters her nahm man sich vor ihm in Acht, das Misstrauen gegen den Geisteskranken ist aber neu. Unsere Vorfahren haben sich vor dem Geisteskranken nicht gefürchtet, obgleich sie ihn als vom Teufel besessen hielten, ja sie haben ihn geachtet und als heilig verehrt, und noch gibt es Menschen, noch gibt es Völker, die es heute tun. Wenn also der Geisteskranke nicht immer gefürchtet wurde, wenn er noch heute nicht überall gefürchtet ist, dann ist es doch klar, dass er auch nicht zu fürchten ist.

Nur derjenige Geisteskranke ist wirklich zu fürchten, der zugleich Verbrecher ist; der Verbrecher in ihm, nicht die Geisteskrankheit erheischt den Schutz gegen andere.

Das soziale Misstrauen gegen Geisteskranke *und solche, die dafür gehalten werden*, wird aber so lange fortdauern, bis das mystische Dunkel im Verfahren des Irrenwesens verschwunden und der Arzt als Richter gefallen ist, bis die Gesellschaft selbst durch ihre Vertreter, die Geschworenen, als Richter in öffentlicher Verhandlung auftreten wird und alle Welt die Verdachtsmomente wird prüfen und beurteilen können, und bis der Verdächtige sich zu verteidigen in der Lage sein und auch wirklich wird verteidigt werden.

4. Das gesunde Material in den Anstalten

Alle diese Ursachen schleppen in Menge gesunde Menschen und ganz ungefährliche, wenn auch geisteskranke Personen in die Anstalten, und auch jene wie diese dienen dem nachwachsenden ärztlichen Stande zum Studium.

Was aber kann der junge Arzt für Symptome finden, welche Beobachtungen kann er an dem gesunden Material machen, was für Schlüsse muss er ziehen, welche Theorien in sich aufnehmen, wenn er den Pseudonarren ganz vernünftig sprechen hört und handeln sieht und dennoch wahrnimmt, mit welchem Misstrauen man ihn bewacht; wenn er die geistreichen Parere über ihn liest; wenn er endlich den als gesund entlassen sieht, der dennoch – wegen Wahrung der Standesehre – als Potator oder mit Paranoia belastet diagnostiziert war?

Welchen Wert hat solches Pseudowissen? Welche Gefahr liegt in demselben?

Und in der Tat diesem Umstande sind Theorien zu verdanken, die dem logischen Denken Hohn sprechen, die das Talent an sich und seinem Können, den Menschen an dem Menschen irrezumachen vermögen. Diese Theorien bedürfen einer baldigen und eingreifenden Reinigung, einer rücksichtslosen Kritik. *Es muss, wie es auf anderen Wissensgebieten längst der Gebrauch ist, eine andere Wissenschaft ihre kritische Sonde an die Psychiatrie legen.*

5. Die falschen Prämissen der Psychiatrie

Die falschen Grundsätze der Heilkunde auf dem Gebiete der Geisteskrankheiten teilen sich in zwei große Gruppen: 1. die handwerksmäßige *Anwendung* von Untersuchungsproben an dem vorhandenen Menschenmaterial und 2. die falschen Theorien.

Beide sind gleich gefährlich, die Ersteren in speziellen Fällen, die Letzteren überdies im Allgemeinen dadurch, dass sie das soziale Misstrauen gegen Geisteskranke und solche, die dafür gelten, zu nähren geeignet sind.

Indem wir von der ersten Gruppe zu sprechen beginnen, greifen wir nur einige der gebräuchlichsten Proben an neu eingebrachten Verdächtigen heraus.

Das *Niedergedrücktsein*, die *Aufregung*, die *Schlaflosigkeit* des neuen Patienten gelten als Verdachtsmomente. Wie wenig Wert besitzen aber diese Symptome, wenn man bedenkt, dass die trübe Stimmung die Folge einer erlebten Katastrophe, die Folge unglücklicher Privatverhältnisse sein kann, dass die Aufregung und Schlaflosigkeit aus Kummer und Sorgen entstanden, dass sie Folgen von Missbrauch narkotischer Mittel, die das Untersuchungsobjekt freiwillig, aber auch unabsichtlich oder gar unfreiwillig genommen hat, sein können; *dass selbst der Umstand der Einbringung in eine Anstalt an und für sich gerade auf den Gesunden einen großen psychischen Eindruck ausüben muss*, wird sich doch der Gesunde zwischen den Kranken fühlen, wie ein Lebendiger zwischen Toten.

Auch das *schüchterne Wesen* des neuen Patienten hat denselben Wert der Beurteilung; denn selbst der stärkste Charakter kann ja mürbe gemacht werden, und was ist hierzu geeigneter, als ihn in eine Irrenanstalt zu stecken. Gerade derjenige, der durch Verhältnisse oder Personen viel zu leiden gehabt hat, der absichtlich und mit Unrecht der Geisteskrankheit verdächtigt worden ist, wird am schüchternsten sein.

Der Wert der sogenannten *Angstgefühle* ist, um einer weiteren Probe zu gedenken, gleich null; denn bei Magenkrankheiten, ja bei allen Fiebererscheinungen, insbesondere jedoch bei Herzkrankheiten, treten Angstgefühle auf.

Die Prüfung auf das *Gedächtnis* wird durch Fragen nach dem Tag und Monat vorgenommen. Wie viele gibt es, die im Alltagsleben die Frage stellen, »was für einen Tag, welches Datum haben wir heute«? Sind sie alle geisteskrank? – Man lässt auch den neuen Patienten *rechnen*. Abgesehen davon, dass es nicht jedermanns Sache ist, sich im Kopfrechnen zu üben, spielt doch hierin auch das spezielle Talent eine große Rolle und üben Erziehung und Bildung einen maßgebenden Einfluss auf die Fertigkeit aus. Wie viele hochgebildete Leute gibt es dennoch, wie viele hervorragende Männer auf den verschiedensten Gebieten, die schlechte Rechner, zumal Kopfrechner sind.

Bei den sogenannten Paralytikern ist den Irrenärzten das *Stottern* ein Zeichen dieser Krankheit, der Paralysis. Aber auch dieses Symptom ist nicht von unbedingter Verlässlichkeit; denn es ist anderen Spezialisten gelungen, das Stottern, sowohl das angeborene, als auch das erworbene, zu heilen, und diese haben den Satz aufgestellt und bewiesen, dass das Stottern an und für sich von der Gesundheit oder Krankheit des Gehirns unabhängig ist.

Endlich muss ich des *Fluchtversuches* gedenken, welcher bei jemandem, der des Irrsinns verdächtig ist, geradezu als Beweis angesehen wird. Der Leser schüttelt ungläubig den Kopf und meint, es sei doch ganz natürlich und eine Regung des Freiheitstriebes, dass Gefangene jeder Art dem Gefängnis zu entfliehen trachten. Nicht gleicher Anschauung sind die Irrenärzte: Der Fluchtversuch sei ein Zeichen innerer Unruhe, und gerade so wie der Fieberkranke dem Bette, so trachtet der Geisteskranke, der Anstalt zu entfliehen. Ich will dieser Anschauung nicht widersprechen, soweit sie den *wirklich Geisteskranken* betrifft – beim Geisteskranken mag sie zutreffen als *Folge* – aber als Prämisse, als Anzeichen des Irrsinns, darf der Fluchtversuch vernunftgemäß nicht gelten; denn gerade der vermeintliche Geisteskranke, der ungerechtfertigt in einer Anstalt Untergebrachte, *hat ja allen Grund*, die Flucht zu wagen, sich den Menschen im täglichen Verkehr zu zeigen und dadurch zu beweisen, dass er nicht irrsinnig ist. Ich kenne einen Fall, der dies schlagend beweist. Es mag nun an die 25 Jahre sein, als eine Frau nach einer dunklen Familienkatastrophe in eine Irrenanstalt gebracht wurde und nach kurzer Zeit aus derselben entfloh. Sie fand nach der Flucht eine Stellung als Gouvernanten in einer angesehenen Familie. Nach Jahresfrist wurde sie entdeckt, niemandem konnte es mehr einfallen, sie in die Anstalt zurückzubringen; denn sie hatte inzwischen zur Genüge bewiesen, dass sie nicht geisteskrank war. Sie kehrte zu ihrem Gatten zurück und lebt seither im Kreise der Ihrigen und verkehrt mit aller Welt, ohne dass jemand auch nur das geringste Zeichen einer Geisteskrankheit an ihr wahrnehmen konnte[9].

Schließlich sollen die *Augen* ein sicherer Verräter der Gehirnkrankheit sein. Wenn wir dies dort, wo es sich um erweiterte Pupillen handelt, nicht ganz in Abrede stellen wollen, so ist doch die vornehm sichere Anwendung dieser Prüfung stets gefährlich; denn wir wissen, dass durch toxische Einwirkungen das Auge gar sehr verändert werden kann, wir erinnern nur an die Pupillen erweiternde Wirkung des Atropins. Können nicht aber auch spezielle Augenkrankheiten, ja längst geheilte Augenübel, wie Blennorrhoe, nachhaltige Veränderungen der Augen in einem bestimmten Falle bewirkt haben? – Ja, man will aus den Augen die künftige, erst nach *Jahrzehnten kommende Geisteskrankheit vorhersagen*. Hier paart sich die gefährliche Theorie mit großer Eitelkeit und mit dem kühnsten Ausdruck der ärztlichen Autorität. Der französische Psychologe *Morel* soll vor 20 Jahren aus dem Auge des Königs Ludwig II. von Bayern die künftige Geisteskrankheit prognostiziert haben – und er behielt scheinbar Recht. Die Geschichte wird einmal konstatieren, ob *Ludwig II.* wirklich geisteskrank war, oder ob er

---

[9] Der in einer Wiener Privat-Irrenheilanstalt gewesene Fürst Sulkowsky hätte nie seine Gesundheit beweisen können, wenn er nicht aus jener entflohen wäre.

es *nicht* war, wie sein Leibarzt und ein berühmter ausländischer Irrenarzt behaupteten; sie wird konstatieren, ob sich dieser unglückliche König den Tod gegeben hat, gezwungen durch eine Seelenstörung oder darum, weil er, der Gesunde, keinen anderen Ausweg aus der schrecklichen Lage, zum Irrsein verurteilt zu sein, fand. – Hätte *Morel* auch Recht behalten, wenn Ludwig II. auf den französischen Schlachtfeldern gefallen oder vor drei, vier, fünf, vor zehn Jahren gestorben wäre? Eine unnütze Frage, die nichts beweist! – O nein; denn zugegeben, dass auch dann kein Beweis erbracht wäre, dass *Morel* gerade Unrecht gehabt, so will ich diesen Einwand auch nicht in medizinischer, als vielmehr in rechtlichem Sinne erheben. Ist es nicht gefährlich, von jemandem zu sagen, dass er einst geisteskrank werden wird, weil man dies aus den Augen zu lesen glaubt? Könnte sich nicht daraus die Theorie entwickeln, man müsse jemanden, noch ehe er geisteskrank geworden, in eine Irrenanstalt tun; denn seine Augen sagen deutlich, er werde in dieser und dieser Zeit geisteskrank werden und könnte dann ein Unheil anstiften?

Indem wir zur zweiten Gruppe der falschen Prämissen in der Psychiatrie gelangen, müssen wir aber konstatieren, dass der lächerliche Satz, den wir als Befürchtung ausgesprochen, wirklich bereits teilweise das Bürgerrecht in der Psychiatrie erhalten hat. Es sind die *Somatiker*, die ihn aufgestellt und wenigstens auf medizinischem Gebiete mit Erfolg gegen die *Psychiker* verteidigt haben; auf juristischem Gebiete wird er gewiss niemals Geltung erhalten.

Für die Somatiker ist nicht der Wahnsinnige der richtige Geisteskranke; denn der Geisteskranke braucht nach den Theorien dieser Schule durchaus keine Wahnvorstellungen, keine Sinnestäuschungen zu haben: *Ja selbst derjenige, der eine wahnsinnige Gewalttat verübt, müsse darum noch immer nicht geisteskrank sein.*

Es ist interessant, was einer der bekanntesten Ärzte Deutschlands und zugleich Irrenarzt, eine Zierde seines Standes, niemand anderer als *Hermann Klencke* (Universum II, Heft 21), über die verkehrte Schule der Somatiker sagt: »*Unter den Ärzten aber spukt die moderne Theorie,* wenn man den Verlauf der Hirnfasern kenne, bekomme man auch Einblicke in die Seelenvorgänge. Feine Beobachtung des Seelenlebens zusammen mit mikroskopischer Erforschung des Hirnfaserverlaufes ist die richtige Methode, um weiter einzudringen in die Geheimnisse der Seele; heute aber glaubt man mit dem Mikroskop allein die Rätsel des Seelenlebens lösen zu können und in dieser Ansicht, welche einseitige Naturforscher ohne gründliche philosophische Bildung aufstellen, macht man gute Anatomen zu Irrenärzten. Zum Irrenarzt gehört aber nicht nur ein guter mikroskopischer Techniker, sondern besonders auch ein *voller Mensch* mit feiner psychologischer Beobachtungsgabe, die durchaus nicht identisch ist mit physikalischer Beobachtungsgabe. Zum Irrenarzt gehört nicht ein einseitiger Forscher, sondern ein voller Mensch, *den man in jeder Lebenslage gern an die Spitze stellt* wegen seines überlegenen Geistes; zum Irrenarzt gehört ferner ein warmes, liebendes Herz, für dessen Töne der Geisteskranke, wie Kinder, ein feines Gehör hat; für den *Irrenarzt ist es sogar gut, wenn er selbst eine feine reizbare Natur ist, die im Keime alle die Krankheitsstoffe (des Seelenlebens) in sich gefühlt, aber durch Energie überwunden hat.«*

Nach dieser kleinen interessanten Abschweifung müssen wir ausdrücklich betonen, dass wir auch den Somatikern ihre Forschungen gerne lassen, solange sie nicht das Irren-*Recht* berühren und insbesondere der persönlichen Freiheit keine Gefahr bringen: Sie mögen also dem ärztlichen Berufe getreu alle Gehirnkrankheiten zu heilen trachten, aber ohne Zwangsbehandlung, die nirgend gefährlicher ist als in der Psychiatrie.

Die für uns interessanten Lehren der Somatiker sind nun folgende:

Sinnestäuschungen und irrige Annahmen und daraufhin folgende widersinnige Handlungen können auch bei Gesunden vorkommen; sie allein seien kein Zeichen der Geisteskrankheit. Auch das *äußere* Verhalten eines Menschen, sein aufgeregtes Wesen, der wilde Blick, verzerrte Mienen könnten nicht als Beweise einer vorhandenen Geisteskrankheit gelten, *auch nicht eine Gewalttat, wenngleich sie jedem geistig Gesunden als eine wahnsinnige Tat erscheint;* denn wie viele Verbrechen wurden schon im Höhegrade der Leidenschaft, aus Eifersucht, Zorn, aus politischen oder religiösen Gründen begangen? *Der leidenschaftlich Erregte unterscheide sich in seinen Taten nicht vom Geisteskranken.* – Das alles also sei kein Zeichen des Irrsinns, sondern die Störung des inneren, des seelischen Gleichgewichtes allein. Je nach den vorzugsweise betroffenen Distrikten des Gehirns, in denen sich die verschiedenen Seelenzustände abspiegeln, könnten da allerdings Sinnestäuschungen und Wahnvorstellungen vorhanden sein, die können aber auch fehlen; der Verstand brauche nicht im vollen Umfange gestört zu sein, es bestehen jedoch Defekte, *die der Kranke mitunter zeitweise verbergen könne,* die aber in grellster Weise bei einer zentralen Innervation, zum Beispiel durch eine Gemütsbewegung, hervorgerufen würden.

Eine Ausnahme von diesem obersten Grundsatz der Seelenkrankheitslehre erleiden nur jene Fälle, wo angeborener oder erworbener Blödsinn besteht.

Eine der wichtigsten Theorien jedoch ist die der *Paranoia* (Verrücktheit). Diese Geisteskrankheit komme sehr selten zur Behandlung, obgleich sie oft vorkomme. Der mit Paranoia Behaftete erscheine dem *Laienauge* Jahre hindurch vollständig gesund, ja oft als genial, höchstens als Sonderling oder Hypochonder; er übe seinen Beruf zu seiner und anderer Zufriedenheit lange Jahre hindurch aus, da plötzlich bringe ihn eine äußere Veranlassung, ein Vermögensverlust, ein Prozess oder eine größere, anhaltende Kränkung vielleicht auf immer ins Irrenhaus.

Krankhafte Geisteszustände seien *stets ererbt* und nur in Ausnahmefällen, wo traumatische oder toxische Einwirkungen, Typhus, Syphilis oder Trunksucht vorhanden sind, würden sie erworben. *Durch psychische Veranlassungen allein könne nie eine Geisteskrankheit entstehen*, sie könne durch dieselben nur zum Ausbruch gelangen. Als Beweis für diese Doktrin wird angeführt, dass durch toxische Einwirkungen, also durch Gifte, mannigfache Formen des Irrsinns hervorgebracht werden können, die sich auf keine Weise von dem »angeblich auf rein psychischem Wege« entstandenen Irresein unterscheiden.

Es sei sehr *leicht*, einen Simulanten zu enthüllen, außer wenn er mit erblicher Paranoia behaftet wäre, weil dann dessen Stimmung wirklich unter dem Drucke der Gefangenschaft leide, während es sonst überaus großer geistiger und körperlicher Kräfte bedarf, um diese kranke Stimmung ununterbrochen nachzuahmen. *Sehr schwer* jedoch sei es, einen Verrückten zu entlarven, *der sich gesund stellt*, weil er nicht in der Anstalt verbleiben, oder unbewacht sein will, *um den unausgesetzt geplanten Selbstmord auszuführen.* Kein Gesunder arbeite denn so *zielbewusst* und vorsichtig (!) wie der Verrückte, und oft genug wären so die erfahrensten Ärzte getäuscht worden. –

Wenn wir diese Theorie kritisch betrachten, so finden wir gewiss vieles, was uns als Wahrheit erscheint. Es wird gewiss niemand bezweifeln, dass Leidenschaften den Menschen zu Taten hinzureißen vermögen, die er sonst nicht verübt hätte. Auch die Erblichkeit der Geisteskrankheiten ist nach Darwins bahnbrechender Deszendenztheorie nicht zu bezweifeln, und in dieser Beziehung erheben sich die Somatiker tatsächlich über die Psychiker. Ja, wir finden insbesondere in der richtigen Erkenntnis, dass toxische Einwirkungen Formen von Geisteskrankheiten erzeugen, wie sie *täuschender* ohne dieselben von der Natur auf erblichem Wege nicht nachgemacht werden können, eine Errungenschaft, die in der Psychiatrie ihrem eigentlichen Zwecke nach, dem des *Heilberufes*, von unendlichem Werte ist, indem es wohl gelingen wird, bis jetzt als unheilbar geltende Geisteskrankheiten durch solche Arzneien zu heilen, welche bei Gesunden die entsprechenden Formen einer Geisteskrankheit zu erzeugen vermögen.

Wir glauben jedoch berechtigt zu sein, die Behauptung auszusprechen, dass die Somatiker den tatsächlichen Fortschritt ihrer Forschung in selbstsüchtiger Weise mit Theorien verquickt haben, die zu nichts anderem als zur Festigung ihrer Machtstellung dienen sollen.

Eine solche Theorie ist die der Paranoia. Was durch dieselbe gewonnen werden soll, ist klar, wenn man bedenkt, dass ein Mensch, der jahraus, jahrein in seinem Berufe zu seiner und anderer Zufriedenheit lebt, niemandem schadet und höchstens als Sonderling oder Hypochonder gilt, doch wohl niemals als geisteskrank aufgefasst werden kann, selbst wenn er wirklich »in seinem Innern ein Doppelleben führt«. Diese Theorie soll der Zwangsbehandlung die weitesten Grenzen geben; sie soll aber in Verbindung mit der gänzlichen Verachtung der Doktrin der Psychiker, dass auch durch fortgesetzte schädliche, psychische Eindrücke bei völlig Gesunden Geisteskrankheiten erzeugt werden können, *die Irrenärzte vor der furchtbaren Anklage schützen, dass sie dadurch, dass sie einen Gesunden dem schrecklichen Zustande in einer Irrenanstalt auch nur die kürzeste Zeit als angeblich verrückt leben zu müssen, ausgesetzt haben, den gesund Gewesenen durch den psychischen Affekt, den seine schauerliche Gefangenschaft erzeugen muss, zum Irrsinn gebracht haben.* Tritt ein solcher Fall ein, so wird einfach gesagt, der Kranke wäre mit Paranoia erblich behaftet gewesen, die durch die Haft zum Ausbruch kam. Der Arzt ist also salviert.

Wir wollen nun die Annahme supponieren, dass jemand als mit Paranoia erblich belastet erkannt wird, darf man zugeben, dass er darum in eine Zwangsbehandlung genommen und dem großen Seelenaffekt derselben ausgesetzt wird, *der ja nach der Lehre der Somatiker selber, für den Paranoiker so verhängnisvoll werden kann?* Diese Gefahr soll gewiss vermieden und darum die *Aufnahme* in eine Anstalt sehr erschwert werden.

Und umgekehrt, wie haben sich es die Somatiker mit der *Entlassung* eingerichtet? Nun, »einen Simulanten zu entlarven ist sehr leicht«, sagen sie: Der Arzt wird dadurch zum unumschränkten Richter. Er kann den Simulanten in der Anstalt behalten *und ihn vor den Gerichten schützen*, indem er sagt, er sei mit Paranoia behaftet, er kann ihn oder denjenigen, den er dafür ausgibt, auch den Gerichten überantworten. Ja, er darf noch mehr, er darf den völlig Gesunden so lange, wie er nur will, in seiner Behandlung behalten, er *braucht ihn nur in die Kategorie derjenigen einzureihen, die sich gesund zu stellen vermögen.* Diesem merkwürdigsten aller Sätze, welche je eine Wissenschaft aufgestellt hat, wird es aber gewiss auch zu danken sein, dass sich der Kampf gegen die ärztliche Macht energisch erheben und dem bis heute ungeschriebenen Irrenrecht zum Durchbruch und zur Geltung verhelfen wird.

Denn was ist klarer, als dass dieser Satz nur die Sicherheit des unumschränkten Waltens der Irrenärzte verbürgen soll. Wenn ein Bewohner einer Irrenanstalt, der sich seiner geistigen Gesundheit vollkommen bewusst ist, deutlich vor sich sieht, dass ihn nichts aus seiner schrecklichen Lage befreien kann als der Tod, zum *Selbstmörder* wird, dann sagen die Ärzte »er hat sich gesund gestellt, wir fingen schon an, daran zu glauben, und er hat unser Vertrauen getäuscht – wir sind schuldlos«. Nie wurde eine Tatsache vor aller Welt ungescheut so verdreht als in solchen Fällen, und niemandem vor Gambetta fiel es ein, dass hier die Ursache für die Folge, die Wirkung für die Ursache genommen wird. *Nicht die Geisteskrankheit hat in solchen Fällen den Selbstmord erzeugt, sondern wegen des Selbstmords wurde die Geisteskrankheit angenommen.*

Und wenn auch die Gesetze die *Fahrlässigkeit in der Beaufsichtigung* bestrafen, nicht darum sind die Ärzte in Fällen strafbar, wo sie sagen, der Patient habe sich gesund gestellt und dann den Tod gegeben, sondern darum, dass sie den Pseudopatienten nicht längst entlassen und so der Freiheit und dem Leben wiedergegeben haben; denn an seinem Tode trägt nur der Arzt die Schuld.

Warum aber sprechen denn die Ärzte nicht auch von einem zweiten Wege zum Tode, den oft – wie oft kann niemals konstatiert werden – Bewohner von psychischen Kliniken einschlagen, wenn sich ihnen keine andere Aussicht auf Erlangung ihrer Freiheit und ihrer früheren sicheren sozialen Stellung bietet? Es ist der Weg, den der Simulant einschlägt, um statt der verdienten Strafe einige Zeit in einer Anstalt sorgenfrei zu leben, aber er führt weiter, zum Tode. *Der vermeintlich Kranke stellt sich tobsüchtig, um größere Gaben des bekannten Chloralhydrats zur Beruhigung zu erhalten:*

Die Wärter sparen mit diesem Mittel nicht, der Pseudotolle beruhigt sich und schläft ein für – ewig.

6. Verquickung der Begriffe Geisteskrankheit und Gehirn- und Nervenkrankheit

Es muss jedem Leser bereits klar sein, dass die Somatiker durch die Verquickung der Begriffe Geisteskrankheit und Gehirnkrankheit einem großen Irrtum verfallen sind. Alle ihre Theorien, alle ihre Fortschritte beziehen sich nicht auf das Gebiet der Psychiatrie, sondern auf das der *Enkephaliatrie*[10]; sie sehen in der Geisteskrankheit nur die Gehirnkrankheit, und dadurch gelangten sie und mit ihnen die Laienwelt zu dem Trugschluss, dass auch jede Gehirnkrankheit implizit schon eine Geisteskrankheit sei.

Mögen nun auch die Somatiker auf dem Gebiete der leiblichen Gehirnkrankheiten den eminentesten Sieg über die Psychiker errungen haben, darin, dass der Psychiker die Geisteskrankheit für sich betrachtet, wird der Letztere vom Rechtsstandpunkte immer recht behalten; denn so sehr man auch geneigt ist, den Satz vollinhaltlich zu unterschreiben, dass jeder Geisteskranke auch gehirnkrank sein müsse, so ist er dennoch nicht ganz wahr, weil es, wie es eingebildete Lungen-, Herz-, Magen-, Nierenkranke, auch eingebildete Geisteskranke gibt, denen geglaubt wird, dass sie es sind, und die durch die Gewohnheit, später durch die Nachahmung sich von anderen Geisteskranken kaum unterscheiden, also in einem gewissen Sinne geistes-, jedoch nicht gehirnkrank sind und auch nicht in Folge einer Gehirnkrankheit sterben.

Hier sei mir abermals gestattet, Hermann Klencke zu zitieren. Er sagt (Universum II. Jahrgang): »Ich selbst habe früher als Irrenarzt eine ganze Familie behandelt, in der ein Glied nach dem anderen mit denselben Wahnideen, derselben Angst und Melancholie uns gebracht wurde; erst die Mutter, welche der Mann gepflegt hatte, alsbald der Mann,

---

[10] auch Enzephaliatrie, medizinische Fachdisziplin zur Behandlung hirnorganischer Funktionsstörungen (Anm. d. Herausg.)

bald darauf ein 13-jähriges Mädchen, welches seinen Vater gepflegt hatte, und dann ein zehnjähriger Junge, *alle ohne erbliche* Belastung, mit ganz demselben Charakter des Irrsinns.« Liegt also hier nicht eine Art geistiger Ansteckung vor, und dürfen die Betroffenen nicht eingebildete Geisteskranke genannt werden, wie sie insbesondere häufig unter den Entlassenen vorkommen, welche später allerlei Zeug, das sie an anderen in der Irrenanstalt gesehen haben, nachahmen.

Aber selbst zugegeben, dass jeder Geisteskranke zugleich gehirnkrank sein müsse, *so ist es ewig unwahr, dass jeder Gehirnkranke zugleich geisteskrank ist*, zumal in jenem Sinne, welcher allein maßgebend sein darf, im rechtlichen Sinne; denn betrachten wir nur die Menge akuter Gehirnerkrankungen, wie Meningitis acuta, Meningitis cerebrospinalis, Apoplexia und dergleichen mehr[11], die als Folge von traumatischen Verletzungen, als sekundäre Gehirnerkrankungen nach anderen Leiden einen raschen Tod herbeiführen oder einer raschen Genesung weichen; können die Träger solcher Krankheiten auch geisteskrank genannt werden? Sie sind eben leiblich krank, bedürfen der leiblichen Krankheitspflege, dürfen aber in rechtlicher Beziehung nicht als geisteskrank betrachtet werden.

Überdies fand man bei einzelnen Personen, an denen man im Leben keinen geistigen Defekt bemerkt hat, wie die *Sektion nach ihrem Tode ergab, die eine Hirnhälfte völlig geschwunden und durch eine Flüssigkeit ersetzt*; was den Beweis erbringt, dass der Mensch für seine geistigen Bedürfnisse nur einer Hirnhälfte bedarf, wie er in leiblicher Beziehung zur Not mit einer Hand oder einem Auge auskommt. Ein solcher Mensch, und deren finden sich gar viele, ist allerdings gehirnkrank, aber nicht geisteskrank gewesen.[12]

---

[11] In einem mir bekannt gewordenen Falle stand ein Ingenieur wochenlang wegen diagnostiziertem Magenkrebs in ärztlicher Behandlung, war die ganze Zeit hindurch vollkommen geistesfrisch, ja versah bis zu seiner Bettlägerigkeit seine schwierigen Geschäfte; zwei Tage vor seinem Tode verfiel er in Tobsucht und starb dann an Gehirnsklerose.
[12] Vergl. Carus Sterne, die Krone der Schöpfung (Teuben) S. 164;

Die Somatiker selbst unterstützen diese der geltenden Anschauung entgegenstehende, gewiss in Bälde allgemeine Ansicht, indem sie lehren, dass der Gehirnkranke – denn nur von solchen sprechen sie – sehr oft den Verstand gar nicht getrübt habe. Obgleich wir schon betont haben, dass wir uns dieser Behauptung gegenüber ablehnend verhalten müssen, weil dieser Satz solche Kranke angehen soll, die nicht an einem akuten Leiden darniederliegen, sondern dauernd behandelt werden, so werfen wir doch die Frage auf: Wenn es nun so ist, wenn jemand gehirnkrank sein kann, ohne dass sein Verstand getrübt ist, wo findet sich dann die Ursache, die dazu berechtigt, ihn aus seinem Wirkungskreise zu reißen und einer Zwangsbehandlung zu unterwerfen?

Hier muss ich eines eklatanten Falles gedenken, der nicht allein beweist, dass die Begriffe Geisteskrankheit und Gehirnkrankheit nicht zusammenfallen, sondern auch, dass sogar ein gesunder und starker Wille die Geisteskrankheit und ihre Äußerungen, wie Sinnestäuschungen, Halluzinationen, ja Dämonomanie und Verfolgungswahnsinn zu bannen imstande ist. Ich meine *Martin Perels*[13], der in den siebziger Jahren Mitteleuropa und Russland durchreiste und überall in Vereinen, gelehrten Gesellschaften etc. Vorträge über »*Selbsterlebtes*« hielt. Er erzählte seine Krankheitsgeschichte, die mit dem Sturze aus dem Fenster des zweiten Stockes im Hotel Rygmer in Würzburg in der Nacht vom 16. auf den 17. Dezember 1868 begonnen hat und damit schloss, dass sein eiserner Wille den Sieg über die Wahngestalten, Bilder, Stimmen und Töne davontrug. Das Beispiel ist umso wichtiger und beweisender, als ja Irrenärzte wie Flemming in Schwerin, Gudden in München, Mayer in Mainz, Meynert in Wien, Meschede in Königsberg, Sander in Berlin, Salomon in Königsberg und andere den Mann persönlich gekannt und seinen Vorträgen mit Spannung beigewohnt haben.

---

[13] Allgem. Schulblatt 1875, 5. Heft, – Weserzeitung vom 25. Januar und 8. April 1875, – Bremer Nachrichten vom 8. April 1875;

Der Fall würde die Behauptung der Somatiker, dass sich Geisteskranke gesund zu stellen vermögen, um sich das Leben zu nehmen, unterstützen, wenn Perels auch zum Selbstmord gegriffen hätte, aber das tat er nicht; er hat diesen Anreiz, wenn er aufgetreten sein sollte, durch seinen kräftigen Willen bekämpft und *besiegt* und starb erst in diesem Jahrzehnt an einer akuten Erkrankung in der *Freiheit*.

Es ist nun aber der Fall Perels nicht der Einzige. Es finden sich noch zahlreiche unter *den Irrenärzten* selber. Viele Irrenärzte haben eine Geistesstörung von größerer oder geringerer Bedeutung durchgemacht, sind jedoch durch die Kraft ihres Willens Herr geworden über die beginnende Umnachtung des Geistes. Diese Behauptung ist durch den Schluss der auf Seite 42/43 zitierten Note Hermann Klenckes, der selbst Irrenarzt war, voll bewiesen.

Wer vermag nun zu konstatieren, wer diesen Willen hat und wer nicht?

Wo der *Wille* im menschlichen Körper seinen Sitz hat, wissen die Gelehrten nicht – *Schopenhauer*[14] meint im Herzen, andere im Gehirn. Wo der *Verstand* im Gehirn wohnt, vermuten die Ärzte nur, wenigstens behaupten Benedikt, Lutze und andere, der Sitz des Geistes sei in den großen Gehirnlappen. Wie es nun immer in Wahrheit sei, gewiss ist, dass der Geist vom Willen oft unabhängig ist, und gewiss ist auch, dass die Begriffe Geisteskrankheit und Gehirnkrankheit nicht zusammenfallen. –

Noch sei hier eines Momentes erwähnt, das allerdings von alters her im Volke berücksichtigt worden ist, heute aber im Irrenrecht ganz vergessen worden ist: Ich meine den negativen Beweis der Geisteskrankheit, den Beweis, dass jemand weder geistes- noch gehirnkrank sein könne. Ein solcher Beweis, beziehungsweise die Geltung desselben wäre der ärztlichen Macht unbequem und darum findet er auch nirgends Anwendung, und doch besteht er nicht eben nur seit alters her, sondern auch wissenschaftlich. »*Er hat alle fünf Sinne beisammen*«, lautet das alte inhaltsschwere

---

[14] Welt als Wille und Vorstellung (Leipzig 1873), Bd. II;

Sprichwort und damit meint man den geistig Gesunden. Unsere Sinne haben sämtlich ihre Kraftmagazine im Gehirn, sie sind es, welche nach außen hin die Tätigkeit des Geistes vermitteln, und wie es bewiesen ist, dass die meisten Sinneserkrankungen durch Gehirnerkrankungen entstehen, so ist es bewiesen, dass, wo gesunde Sinne bestehen, eine Gehirnerkrankung nicht bestehen kann: Wer gut sieht und hört und riecht und schmeckt und spricht, kann nicht gehirnkrank sein und er ist umso gesünder im Gehirn, je besser er sieht, hört, riecht, schmeckt und spricht, insbesondere sind es ein gesunder Geruch und ein gesundes Gehör, welche auf ein gesundes Gehirn schließen lassen.

In diesem Kapitel habe ich noch des Umstandes zu gedenken, dass oft sogar bloß *nervöse* Leute für geisteskrank gehalten werden. Es darf uns das nicht wundern; je weiter die Grenze ausgedehnt wird, innerhalb welcher jemand als geisteskrank gelten kann, desto leichter ist die Versorgung junger, desto reichlicher wird das Einkommen älterer Irrenärzte.

Insbesondere bei den Nervenkranken spielen Zufall oder Missgunst eine entscheidende Rolle. Es gibt Nervöse, wohl jeder wird solche kennen, die ihre Angehörigen auf kürzere oder längere Zeit durch ganz fürchterliche Zustände, durch Angst, Unruhe, ja Visionen etc. vor Jahren erschreckt haben, die aber darum niemals in den Verdacht der Geisteskrankheit, noch viel weniger in die Bekanntschaft irgendeiner Anstalt kamen und zufrieden und gesund weiterleben; während anderen, welche die Nervosität gar nicht kennen, vom Schicksal und unserem heutigen Irrenrechte arg mitgespielt worden ist.

C. Grundsätze und Anschauungen im heutigen Recht

Zum großen Teile die Grundsätze und Anschauungen im heutigen Rechte schon in dem vorigen Abschnitt dieses Buches als Ursachen der geltenden Rechtszustände anzuführen, war ich aus dem Grunde gezwungen, weil die Wechselwirkungen derselben als Erstere und Letztere so groß sind, dass sie sich in dieser Richtung kaum erkennen lassen. Es herrscht eben eine Unklarheit wie auf keinem Rechtsgebiete, und ich behaupte wohl nicht zu viel, wenn ich sage, es ist darin die Unklarheit eines Werdeprozesses, jene Unklarheit, die überall herrscht, wo das Bestehende – wenn auch nicht erkannt – doch als schlecht geahnt wird, ohne dass es noch zum Kampfe gegen dieses als schlecht Geahnte gekommen ist.

Alle, die unserer Frage auch nur einigermaßen näher treten, fühlen die Rechtlosigkeit der Zustände, die in ihren einzelnen Äußerungen das Rechtsgefühl beleidigen, nicht aber zum Rechtsbewusstsein gelangen.

Es ist jenes Träumen vor dem Erwachen, in welchem man wohl schon den Morgen ahnt, aber noch nicht zur Tat schreitet, die er heischt – die letzte Ruhe vor dem Kampfe; es ist jene Schwüle, jene Unsicherheit, die dem inhaltsschweren Augenblicke einer Kriegserklärung vorausgeht.

Dieser Zustand in den geltenden Rechtsanschauungen bedeutet den Übergang vom Alten zum Neuen, das nahende Sterben der geltenden, die Geburt neuer Anschauungen. Schon ist der Tod des Alten unaufhaltsam, schon ist die Geburt des Neuen vorbereitet durch das beleidigte Rechtsgefühl, welches unbewusst in allen Geistern schlummert; und es wird rasch zum Bewusstsein gelangen, und »was dem Mediziner die Pathologie des menschlichen Organismus, das ist die Pathologie des Rechtsgefühls dem Juristen und Rechtsphilosophen, oder richtiger: Das sollte sie ihm sein; denn es wäre verkehrt, zu behaupten, dass sie es ihm bereits geworden sei.«[15]

Es ist keine leere Hoffnung, die ich hege, dass das Postulat *Jherings* sich auf dem Gebiete des Irrenrechtes zuerst erfüllen und das gesunde Rechtsgefühl die juridische Welt in den Kampf gegen die herrschenden Ansichten führen wird; denn ein Kampf wird sich entspinnen.

»Alle großen Errungenschaften, welche die Geschichte des Rechtes zu registrieren hat: die Aufhebung der Sklaverei, der Leibeigenschaft, die Freiheit des Grundeigentums, der Gewerbe, des Glaubens und andere mehr, sie alle haben erst auf diesem Wege des heftigsten, oft Jahrhunderte fortgesetzten Kampfes gewonnen werden müssen, und nicht selten bezeichnen Ströme Blutes, überall aber zertretene *Rechte* den Weg, den *das Recht* dabei gewandelt ist.«[16]

Auch in den geltenden Anschauungen auf dem Gebiete des Irrenwesens leben Rechte, welche fallen müssen, die jedoch nicht leichthin von ihren Besitzern, den Ärzten und der Polizei, aufgegeben werden dürfen.

1. Die persönliche Freiheit

Ein oberster Grundsatz im heutigen Irrenrechte ist es, *dass die Pflege der Gesundheit wichtiger sei, als der Schutz der persönlichen Freiheit*. Mit diesem Grundsatz ist der Arzt über den Richter gestellt oder, besser gesagt, zum Richter geworden.

Vom *medizinischen* Standpunkte, von dem Standpunkte des Lebens der Materie, mag ich diesem Grundsatz nicht entgegen treten. Der Kranke begibt sich ja selber eines Teiles seiner persönlichen Freiheit und vertraut sich dem Willen des Arztes an; das aber ist ein freiwilliges Aufgeben der persönlichen Freiheit, schon ein Akt des freien Willens. Auch in Bezug auf das *öffentliche* Recht hat dieser Satz einige Berechtigung: Die Pflege der öffentlichen Gesundheit ist oft

---

[15] Jhering, Kampf ums Recht, 6. Aufl., S. 40;
[16] Jhering, Kampf ums Recht, 6. Aufl. S. 8;

nur durch Maßregeln möglich, welche die persönliche Freiheit teilweise, niemals ganz aufheben.

Aber im *Irrenwesen* handelt es sich gar nie *um die Pflege der öffentlichen Gesundheit*, niemals um eine Epidemie; denn Geisteskrankheiten sind nicht in diesem Sinne ansteckend und sie machen mit Ausnahme der Trunksuchtpolizei, die allerdings große Dienste leisten kann, Vorbeugungsmaßregeln weder notwendig noch möglich. Es handelt sich immer um die Gesundheit *des Einzelnen*, und die im Interesse dieser Gesundheit angeblich notwendige Beschränkung der persönlichen Freiheit berührt eben nur den Einzelnen in einer Weise, die nur ihn *und nicht auch gleichmäßig* andere, wie in der öffentlichen Gesundheitspflege, trifft; sie trifft ihn aber auch nicht bloß *teilweise*, nicht bloß in Bezug auf *eine* Richtung seines freien Willens, wie dies zum Beispiel im öffentlichen Interesse bei Beschränkung des freien Verkehrs während einer Epidemie geschehen kann, sondern *ganz*, sie vernichtet sein ganzes sittliches, geistiges und materielles Leben, *sie raubt ihm den freien Willen in seiner Totalität*.

Die Beschränkung der persönlichen Freiheit hat im Irrenwesen darum nur dort Berechtigung, wo es sich um ein Strafrecht handelt, wo *dem Geisteskranken auch eine Verschuldung gegen das öffentliche Interesse bewiesen werden kann*.

Man raubt nämlich dem Menschen in der Freiheit das *Höchste*. Ohne Zweifel ist die Gesundheit auch für den Einzelnen ein hohes Gut, ein höheres aber ist die persönliche Freiheit; denn in der Freiheit liegt ein Stück Gesundheit.

Die Freiheit ist für die *wollende* Natur, und dazu gehört jedes Geschöpf mit willkürlicher Bewegung, die Quelle allen Lebens. Schon in der Tierzelle ist die Naturnotwendigkeit der freien Bewegung aller mit Willen ausgestatteten Geschöpfe ausgedrückt; denn die animalische Urzelle bewegt sich selbsttätig und freiwillig, was der Pflanzenzelle als Urprinzip der übrigen lebenden Natur fehlt. Und so strebt denn auch jeder tierische Organismus nach Freiheit; sie ist die Hauptbedingung des Lebens, des wirklichen Daseins.

Wie viele Tiere schmachten und sterben dahin in der Gefangenschaft! Man lese *Brehms* »Fische«; wie deutlich ist der Instinkt der Freiheit bei vielen Arten darin zu ersehen, dass sie in die heftigste Unruhe geraten, wenn sie sich gefangen wissen, Netze zu durchreißen trachten und Hindernisse überspringen.

Man will also, wenn man die Gesundheit des Einzelnen über seine Freiheit stellt und die Letztere um der Ersten willen beschränken zu können glaubt, *ein Gut erkaufen durch die Hintansetzung des Urquells dieses Gutes.*

In der Freiheit ist alles leichter zu ertragen, Kummer und Sorge und Krankheit; ja, wer weiß es nicht, dass nicht allein viele Krankheiten, sondern auch Kränkungen und Seelenpein durch Reisen und Wandern, durch Zerstreuungen in frischer Luft oft wohltätig behoben werden – und man glaube ja nicht, dass diesen wohltätigen Einfluss auf Geist, Gemüt und Körper bloß die frische Luft ausübe; sie ist nur *ein* Faktor, der zweite mächtigere ist das *belebende Gefühl der Freiheit,* welches uns der Natur, also der Gesundheit, näher bringt.

Wer aber kann, frage ich hingegen, seiner Gesundheit froh werden, wer sich über materielle Güter freuen, wer Freude am Schaffen empfinden in der Gefangenschaft?

Die Gesundheit ohne Freiheit verliert viel von ihrem hohen Werte, ja sie verliert oft ihren ganzen Wert, jedoch die Freiheit ohne Gesundheit bleibt immer noch ein unschätzbares Gut, welches nur der hilflos Kranke freiwillig aufgibt, aber auch er sucht bloß die körperliche Pflege und wahrt sich seinen freien Willen nach allen Richtungen seines geistigen und sittlichen Daseins.

Dieses Bewusstsein lebte in allen Völkern zu allen Zeiten. Die politische, persönliche und wirtschaftliche Freiheit war stets das Ideal der Menschheit, für welches gar oft Leben und Gut, Gesundheit und Familienglück geopfert worden sind. Lieder aller Sprachen der Erde besingen dieses Ideal und Ströme Blutes bezeichnen den Weg, den die Geschichte der persönlichen Freiheit gewandelt. Auf allen Rechtsgebieten hat sich das Prinzip der persönlichen Freiheit zur höchsten Geltung emporgeschwungen – es sollte diese Geltung nicht auch im Irrenwesen erkämpfen können?

Was liegt alles in der *Beschränkung* der persönlichen Freiheit? Nicht allein die Aufhebung der freien Tat in Rücksicht auf die eigene Person, sie bedeutet auch den Verlust aller Rechte, und zumal die *Beschränkung der persönlichen Freiheit unter dem Vorwand der Geisteskrankheit* bedeutet den Untergang der Persönlichkeit, den Verlust des Rechtes, für sich zu denken und zu handeln, für sich und andere zu erwerben und auszugeben, ja des Rechtes, für sich zu kämpfen – der Gefangene unter dem Titel der Geisteskrankheit ist ein lebendig Toter.

Wer wird also jenem oben erwähnten Grundsatz, der heute im Irrenwesen, wenigstens nach dem Ausdrucke der positiven Gesetzgebung überall gilt, auch nur die entfernteste Berechtigung zusprechen; wer wird nicht vielmehr mit *Gambetta, Magnin* und mir in den Ruf einstimmen, der allerorten seit den Uranfängen des Menschengeschlechtes laut und immer aufs Neue ertönt: *Die persönliche Freiheit ist das höchste Gut des Menschen, wert, alles andere dafür in die Schanzen zu schlagen!*

Wie verkehrt ist also der Gedanke, durch die Beschränkung der persönlichen Freiheit jemanden vom *Selbstmord* abzuhalten! Wer aus irgendeiner Ursache diese Absicht wirklich hat, wird auch in der Gefangenschaft Mittel und Wege finden, seine Absicht zu verwirklichen – aber wer sie nicht hatte, oder noch nicht fest dazu entschlossen war, ja wer an den Selbstmord gar nicht dachte, *der wird sein höchstes Gut, seine Freiheit, durch Aufgabe seines Lebens erkaufen*, wenn sie ihm gegen den durch die höchste Rechtslosigkeit geschützten Verdacht der Geisteskrankheit nicht mehr erkämpfbar erscheint.

2. Das Prinzip der Gleichberechtigung

Im heutigen Irrenwesen ist das Prinzip der Gleichberechtigung überall arg verletzt.

Man setzt nämlich nur dem *Vermögenden* einen Kurator; so waren zum Beispiel von den 613 im Jahre 1837 in der französischen Irrenanstalt Bicêtre Inhaftierten nur 19, also kaum 3 % unter Kuratel.

Es unterliegt keinem Zweifel, dass hierin eine Rechtsungleichheit von höchster Bedeutung liegt; denn einmal ist es Pflicht des Kurators, sich nicht allein des *Vermögens*, sondern auch der *Person* des als geisteskrank Geltenden anzunehmen, es entbehrt also der Unbemittelte den Schutz seiner Person, den der Vermögende in derselben Lage hat. Der zweite, größere Nachteil für den Armen liegt aber dadurch in der *geringeren Gewissenhaftigkeit des Verfahrens*, durch welches er der Anstalt überantwortet wird.

Aber auch bei dem Vermögenden, *dem oft kein Vormund gestellt wird*, wenn der Irrenarzt dessen Genesung in Aussicht stellt, tritt ein Zustand der Rechtlosigkeit ein, wie er nicht größer und unsinniger gedacht werden kann. Der Geisteskranke oder der dafür Geltende bleibt dem Titel nach selbstverantwortlicher Verwalter seines Vermögens, während andere damit nach Lust und Liebe schalten und walten – welche Rechtlosigkeit, welche Gefahr für die Zukunft!

Man höre nun aber erst die fadenscheinigen Gründe für diese Gepflogenheit, sie sind vollinhaltlich im Folgenden[17] enthalten:

1. Bei den die große Mehrzahl bildenden vermögenslosen Irren fehle sowieso der *eine* Grund (die Verwaltung des Vermögens) zur Kuratelbestellung; 2. sodann sei die der Entmündigung *vorhergehende gerichtliche* Untersuchung des Geisteszustandes des Verdächtigen, welche sehr sorgfältig sein muss, geeignet, die Krankheit zu verschlimmern; 3. endlich bringe die mit der Ernennung eines Vormundes verbundene öffentliche Bekanntmachung des Geisteskranken denselben nach seiner Genesung in eine üble Lage und 4. schließlich schädige ein solches sorgfältiges und gewissenhaftes Verfahren die Interessen der Verwandten, welche der Erblichkeit vieler Geisteskrankheiten wegen in die Gefahr, selber irrsinnig zu werden, kommen.

---

[17] Jolly in Schönbergs Handb., Bd. II, S. 555;

Sind das wirklich Gründe zur Aufhebung der schwer und blutig erkämpften *Rechtsgleichheit* auf irgendeinem Gebiete? Wenn sich gegen alle diese Gründe nichts einwenden ließe, wenn sie tatsächlich einen Anspruch auf Berechtigung hätten, so müssten sie immer noch dem Prinzip der Gleichberechtigung untergeordnet werden, soll anders nicht das Rechtsgefühl im höchsten Maße beleidigt werden, dasselbe Rechtsgefühl, welches die Menschheit um die bürgerliche Gleichberechtigung heiße Kämpfe kämpfen ließ, welches dadurch Nordamerika zum herrlichsten Staatengebilde der Neuzeit machte, in Frankreich den morschen Königsthron zerschlug und aus dem westlichen und Mitteleuropa den Absolutismus verbannt hat.

Aber besehen wir einmal jeden einzelnen dieser Gründe näher! Gleich der erste spricht offen der Rechtlosigkeit das Wort: Es fehle der *eine* Grund zur Kuratelbestellung bei vermögenslosen Geisteskranken oder solchen, die dafür gelten sollen, *der Grund der Vermögensverwaltung*. Ja, wo liegt denn die Berechtigung dafür, den anderen Grund, der zur Kuratelbestellung auffordert, *den Schutz der Person*, ganz zu ignorieren; ist der zweite Grund nicht allein stark genug, ja viel stärker, als der erste? – Die gerichtliche Untersuchung des Geisteszustands, welche der Entmündigung vorhergehen muss, könnte die Krankheit des Verdächtigen verschlimmern, wird weiter gesagt. Vor allem soll aber eine sorgfältige Untersuchung, eine Untersuchung, die niemals sorgfältig genug sein kann, erst *feststellen*, ob denn der Verdächtige wirklich geisteskrank ist, *und ist er es nicht*, dann fällt doch sicherlich die Gefahr der Verschlimmerung seines Zustandes weg, *ist er es nun aber*, dann wird doch die Kuratelbestellung zur dringendsten Notwendigkeit in Bezug auf die Person und das Vermögen des Kranken, und diese Notwendigkeit, die das Rechtsgefühl energisch verlangt, drängt jedes, selbst berechtigte Bedenken in den Hintergrund. Die Gefahr der *Verschlimmerung* der Krankheit ist aber gerade bei dem *wirklich Irrsinnigen* sehr selten vorhanden, weil ihm die Bedeutung des Verfahrens durchaus unklar ist – bloß den Gesunden, dem sie zum vollen Bewusstsein, zum vollen Urteil gelangt, ist sie imstande aufzuregen. – Weiters bringe die öffentliche Bekanntgabe der Entmündigung den Geisteskranken nach seiner Genesung oder Entlassung in eine üble Lage. Dieser Satz, leider richtig nach den heutigen Anschauungen, ist unrichtig aber als Grund, die Kuratelbestellung zu unterlassen; denn erstens werden nach einer sorgfältigen Untersuchung viele gar nicht in die Lage kommen, eines Vormunds zu bedürfen, das heißt nicht für irrsinnig erklärt werden; zweitens ist der Schutz, den jemand *in der Gegenwart wirklich* braucht, der Schutz seiner persönlichen Freiheit, viel wertvoller, als ein zweifelhafter Schutz, der Schutz vor der üblen Lage, *für die Zukunft*; ich habe dafür keinen druckfähigen Ausdruck, wenn man es für Recht halten wollte, den Ersteren dem Letzteren zu opfern; und drittens soll es eben Sache der Gesetzgebung sein, diese üble Lage nach der Entlassung zu verhindern, was, wie ich im zweiten Teile dieses Buches dartun will, durchaus nicht auf unüberwindliche Schwierigkeiten stößt. – Wir sind beim letzten Grund angelangt, der dafür ins Feld geführt wird, dass die Kuratelbestellung Geisteskranker nur ausnahmsweise zu erfolgen habe: die Schädigung des Gesundheitszustandes der Verwandten. Hier ist abermals einzuwenden: Wenn der Verdächtige nicht krank ist, kann von einer Erblichkeit keine Rede sein, die Aufregung des Verfahrens also ebenso gefahrlos für die Verwandten eines der Geisteskrankheit Verdächtigen, als der Strafprozess für die Angehörigen eines strafgerichtlich Angeklagten. Aber die Erblichkeit ist ja gewiss überhaupt nicht überall zu fürchten, und zwischen Eheleuten und nicht gerade Blutsverwandten gar nicht vorhanden, und wo sie zu fürchten wäre – *das kann eben nur eine sorgfältige Untersuchung des Geisteszustandes des Verdächtigen zeigen.*

3. Der Prozess der Aufnahme in eine Anstalt

Die nach heutigem Rechte für die Unterbringung in eine Anstalt legalen Gründe sind zweifacher Natur: 1. das *wirtschaftliche* und *private* Interesse, welches Angehörige oder Bekannte veranlasst, den Geisteskranken in eine Anstalt zu überführen und dessen Aufnahme anzustreben, und 2. das *öffentliche Interesse*, welches in dieser Richtung von den staatlichen Organen, zumeist der Polizei, wahrgenommen wird.

Ich spreche im Nachstehenden selbstverständlich nur von der *zwangsweisen* Unterbringung einer verdächtigen Person in eine Anstalt; denn der *freiwillige* Eintritt in eine Heilanstalt, der oft von eingebildeten Geisteskranken erfolgt, steht außer aller Diskussion: Es muss jedem unbenommen bleiben, seine Gesundheit nach eigenem Ermessen wieder herstellen zu wollen, obgleich auch hierin gewisse Vorsichtsmaßregeln notwendig sind, welche das Gesetz zur Vermeidung von Inhaftierungen unter dem Vorwand oder Schein der Freiwilligkeit aufstellen sollte.

Wir wenden uns zuerst der Unterbringung aus wirtschaftlichen oder anderen privaten Gründen zu, wozu auch der Wunsch der Heilung gehört, durch Bekannte oder Verwandte. Die Aufnahme aus diesen Ursachen und in dieser Art ist überall überaus einfach, zumeist genügt der Antrag eines Verwandten und das Zeugnis eines Arztes, dass die Person, für welche die Aufnahme begehrt wird, geisteskrank sei: So ist es in Deutschland, Österreich, Frankreich und England wenigstens in Bezug auf Privatheilanstalten, ja in Frankreich ist in »dringenden« Fällen nicht einmal das ärztliche Zeugnis notwendig, obgleich gerade dort die Vorsicht gebraucht wird, dass der Antrag einer Privatperson auf Unterbringung eines Verwandten oder Bekannten, wie wir gesehen haben (S. 15) schriftlich geschehen muss, damit die Verantwortlichkeit des Antragenden nicht bestritten werden kann, und mit einem Identitätsnachweis der aufzunehmenden Person belegt sein, um nach zwei Richtungen Vorsicht zu üben, erstlich dahin, damit nicht eine falsche Person inhaftiert werde, der man schaden will, und dann, damit nicht jemand sich als Angehöriger gerieren könne, der es nicht ist; denn es ist für einen Fremden doch schwieriger, sich den Identitätsnachweis einer Person zu verschaffen.

Für dieses, in der Hauptsache überall gleiche und sehr einfache Verfahren, werden mehrere Gründe in das Feld geführt, insbesondere jedoch jene, welche ich im vorigen Kapitel eingehend widerlegt zu haben glaube.

Einen fortschrittlichen Standpunkt gegenüber der herrschenden Anschauung in dieser Richtung hat der Tübinger Professor *Jolly*[18] im Folgenden eingenommen: »Da derjenige, welcher als geisteskrank in einer Irrenanstalt oder in einem anderen fremden Haus untergebracht wird, seiner persönlichen Freiheit beraubt und in eine Lage gebracht wird, welche der eines Strafgefangenen sehr ähnlich ist, *muss alles aufgeboten werden*, um zu verhüten, dass die Maßregel nicht gegen Personen angewendet wird, *welche nur für krank gehalten werden, dass also Einschließungen in Irrenanstalten nicht aus Irrtum oder Fahrlässigkeit stattfinden, oder gar aus böser Absicht im Interesse eines Einzelnen oder des Staates, der aus irgendeinem Grunde die betreffende Person beseitigen möchte*. Zur Erreichung des Zieles empfiehlt sich die Bestimmung, dass zu jeder Einschaffung in eine Anstalt *mehrere* sachverständige und unparteiische Personen zusammenwirken müssen, und dass dieselben sich eines bestimmten Verfahrens zu bedienen haben, welches die Würdigung aller in Betracht kommenden Momente sichert.« Leider verlässt dieser Schriftsteller diesen allein richtigen Standpunkt sofort wieder, um der Gesundheitspflege nach der herrschenden Meinung einen bevorzugteren Platz über den Schutz der persönlichen Freiheit anzuweisen: »Die Erfüllung dieser Forderungen,« sagt er gleich weiter, »welche die Verbringung eines Irren in eine Anstalt zu einer umständlichen Sache machen, steht aber im Wege, dass die Wahrscheinlichkeit der Heilung umso größer ist, je rascher der Erkrankte aus seiner bisherigen Umgebung entfernt und in richtige Behandlung gebracht wird, und dass den Angehörigen und den Heimatgemeinden der Kranken ihre häufig ohnehin geringe Lust zur Inanspruchnahme von Anstalten durchzuführende lange Verhandlungen leicht vollständig verleiden. Da sich somit Erwägungen vom gleichen (?) Gewichte direkt gegenüberstehen, bleibt der Gesetzgebung nichts übrig, als einen *Mittelweg* einzuschlagen und *beide* Gesichtspunkte *nur bis zu einem gewissen Grade zu berücksichtigen*.

---

[18] in Schönbergs Handb., Bd. II. S. 357;

Es ist dies wirklich die Quintessenz der herrschenden Rechtsanschauung. Wenn man nun aber bedenkt, dass sich *das Halbe* noch auf keinem Gebiete bewährt hat, dass, wenn einerseits der Schutz der persönlichen Freiheit »nur bis zu einem gewissen Grade« von der Gesetzgebung berücksichtigt wird, es in einem konkreten Falle sehr leicht geschehen kann, dass gerade das, was über diesen gewissen Grad reicht, wichtig und *entscheidend* ist, jedoch unberücksichtigt bleibt und die schrecklichsten Folgen haben kann; dass wenn andererseits die Pflege der Gesundheit und andere Opportunitätsrücksichten mit derselben Halbheit behandelt werden, nach keiner Richtung hin ein beruhigender Rechtszustand geschaffen wird; wenn man weiters alle die möglichen, oft verbrecherischen Ursachen sich vor Augen hält, welche es irgendjemandem wünschenswert machen können, einen Verwandten oder Bekannten einer Anstalt zu überantworten, wenn man schließlich den hohen Wert der persönlichen Freiheit, wie ich auch in einem früheren Kapitel auszuführen bemüht habe, voll erfasst, so muss man zu dem zwingenden Schlusse kommen, dass im Verfahren der Unterbringung einer Person in eine Anstalt nicht nur über Anregung der Angehörigen, sondern überhaupt, *vor allem der Schutz der persönlichen Freiheit die vollste und sorgfältigste Berücksichtigung zu finden hat*, und nur von diesem Standpunkte aus auch der Pflege der Gesundheit und anderen Opportunitätsrücksichten insoweit Rechnung getragen werden kann, als dieser unverrückbare Standpunkt nicht verletzt wird.

Ganz ähnlich verhält es sich mit der Unterbringung Geisteskranker im öffentlichen Interesse vonseiten staatlicher Organe.

Hier sind es ebenso wenig mehrere unparteiische Personen, welche über den Verlust der persönlichen Freiheit einer Person entscheiden, als bei der Aufnahme der Geisteskrankheit Verdächtiger über Veranlassung von Privatpersonen.

Ich mache hier selbstredend *keinen Unterschied zwischen Beobachtungsanstalten, psychiatrischen Kliniken und Irrenhäusern*, obgleich die Gesetzgebungen dort, wo sie diesen Unterschied gemacht haben, wie zum Beispiel in Österreich, von der besten Absicht geleitet waren, indem sie von der Ansicht ausgingen, dass durch die Beobachtungsanstalten die Möglichkeit geboten ist, Personen, die bloß für irrsinnig gehalten werden, es jedoch nicht sind, vor der Irrenanstalt zu bewahren und sie dadurch nach der Entlassung aus einer solchen der unvermeidlichen üblen Lage zu entziehen: Ich mache nun keinen Unterschied zwischen Irrenhaus einerseits und Beobachtungsanstalt oder psychiatrischer Klinik andererseits, weil selbst der kürzeste Aufenthalt da oder dort den gleichen Effekt erzeugt: Die persönliche Freiheit wird eben einmal beschränkt, und die oben angedeutete gute Meinung der Gesetzgebung zwecklos, weil das soziale Vorurteil keinen Unterschied zwischen Beobachtungs- und Irrenanstalt kennt, und für das Bekanntwerden des Umstandes, dass jemand sich auch nur die kürzeste Zeit und noch so ungerechtfertigt in einer Beobachtungsanstalt befand, durch Schadenfreude, Missgunst, Unvorsichtigkeit und Klatschsucht nur zu viel und selbst durch die Presse Sorge getragen wird. Ja die gute Meinung der Gesetzgebung schlägt in das Gegenteil um, indem die Polizei, von der Ansicht ausgehend, dass, wo es sich nur um eine Beobachtungsanstalt oder psychiatrische Klinik handelt, *an ihre Sorgfalt eine geringere Anforderung gestellt wird*, oft ohne Untersuchung und eingehende Prüfung der Verdachtsmomente den Verdächtigen einem solchen Institut überliefert, *sodass eine ungleich größerer Zahl von Unterbringungen erfolgt.*

In Österreich und Deutschland hängt die Unterbringung über Polizeibeschluss von einem Beamten und einem Arzt, in Frankreich vom Präfekten oder der Ortspolizei, in England von dem Friedensrichter, ja selbst nur vom Ortsgeistlichen und dem Armenaufseher ab.

Die angeblichen Gründe für das *kurze Verfahren*, welches dem Geiste der verschiedenen Gesetzgebungen nach nur für *dringende* Fälle gelten sollte, jedoch auch auf die allergewöhnlichsten Fälle aus Bequemlichkeit angewendet wird, weil kein ordentlicher Richter, sondern nur die Polizei über die Dringlichkeit zu entscheiden hat, sind dieselben, die wir oben kennengelernt haben; sie erweisen sich in Bezug auf die Unterbringung in öffentlichen Anstalten durch staatliche Organe ebenso hinfällig, wie in Bezug auf die Unterbringung Verdächtiger in Privatanstalten durch Privatpersonen, ja noch hinfälliger, weil die ungerechtfertigte Beschränkung der persönlichen Freiheit durch die *Staatsgewalt* weit leichter eintreten kann.

Das Verfahren nach heutigem Rechte ist vollständig ebenbürtig den mittelalterlichen Femgerichten.

Es fehlt diesem Verfahren, was den Femgerichten gefehlt hat: – 1. *das Recht der Verteidigung des Angeklagten* und 2. *die Öffentlichkeit.*

Der Untersuchungsprozess des einer Geisteskrankheit Verdächtigen ist ein reiner *Polizeiprozess*, ein Überbleibsel aus der Zeit der Polizeiherrschaft, ein Erinnerungszeichen an den Polizeistaat.

Welcher Raum ist darin der Lüge in allen Formen gelassen!

Die Zeugen werden unter dem Vorwand, den angeblich Kranken nicht aufzuregen, in *Abwesenheit des Angeklagten einvernommen, welcher keine Gelegenheit hat, auf deren Aussagen zu antworten, sie zu entkräftigen oder zu widerlegen.* Der Angeklagte ist dadurch im Vorhinein zum Verurteilten gemacht. Die Zeugen dürfen sagen, was sie wollen, sie sind ja sicher, nicht widerlegt zu werden. Wie oft hüllen sich solche Zeugen, die eigentlich die Rolle der Ankläger innehaben, in den Mantel des Mitleides, um eigentlich eine ihnen unbequeme Person für kürzere oder längere Zeit aus dem Wege zu schaffen. Auch das polizeiärztliche Parere ist ein *Geheimakt*; denn dem Angeklagten wird die Einsicht in dasselbe verwehrt, sodass er nicht in der Lage ist, sich gegen die etwaigen Unwahrheiten desselben zu verteidigen (S. 34).[19]

---

[19] In einem mir von dem Betroffenen selber erzählten Falle wurde einem bei der Polizei wegen angeblicher gefährlichen Drohung Angezeigten der Prozess unter dem Verdacht der Geisteskrankheit gemacht und *der von ihm gestellte Wunsch nach einem zweiten begutachtenden*

Der Mangel des Rechtes der Verteidigung vonseiten des Angeklagten ist der größte Fehler im heutigen Verfahren gegen Geisteskranke; denn er ermöglicht die leichte Ausführung verbrecherischer Absichten und die Irreleitung der Ärzte. Wäre, wenn dieser empfindliche Mangel, der schon so manchem ganz Gesunden den Verlust seiner persönlichen Freiheit, wenn auch auf kurze Zeit, gekostet hat, nicht bestünde, wäre die amüsante Geschichte möglich gewesen, welche vor einigen Jahren die Tagesblätter erzählt haben? – Eine ältliche Dame kaufte in einem Laden Juwelenschmuck, bezahlte jedoch denselben nicht und ließ sich ihn durch einen in dem Geschäfte bediensteten jungen Mann zu dem Direktor der Irrenanstalt N. bringen, welcher den Schmuck bezahlen sollte. Sie hatte schon früher bei dem Direktor Besuch gemacht und demselben erzählt, dass sie in der traurigen Lage sei, ihren Sohn der Anstalt übergeben zu müssen, da derselbe an der fixen Idee leide, dass ihm jedermann hohe Summen Geldes schuldig sei. Sie trat einige Stunden später mit dem jungen Manne, dem sie schon im Vorzimmer den Schmuck abgenommen hatte, in das Zimmer des Direktors mit den Worten: »Hier, Herr Direktor, ist der junge Mann« und entfernte sich eiligst. Der erfahrene Irrenarzt fragte den jungen Mann nach seinem Befinden, ob er gut schlafe, ob er Träume habe, ob er schon einmal typhuskrank, ob er nicht vielleicht syphilitisch war und endlich, ob er viele Gläubiger habe. Der vermeintliche Patient antwortete sehr unbefangen und verneinte auch die letzte Frage, setzte jedoch gleich hinzu, dass er nicht viel Zeit hätte und bat um den hohen Betrag für den Schmuck. Der Direktor sah darin eine Bestätigung der vermeintlichen Mutter und glaubte den jungen Mann beruhigen zu müssen. Dieser jedoch wollte sich nun auch ohne das Geld entfernen, indem er sagte, der Direktor sei ja für den Betrag gut und er möge nur angeben, wann er denselben begleichen wolle, um dies seinem Chef mitteilen zu können. Da läutete denn der Irrenarzt nach einem Wärter, um den vermeintlichen Kranken

---

Arzt rund abgeschlagen (!); er wurde der Beobachtung übergeben, von wo er nach kurzer Zeit als gesund entlassen wurde.

abführen zu lassen – was anderes konnte da geschehen, als dass derselbe in die – weiß Gott wie oft schon in dieser Art vorgekommene – »Tobsucht« verfiel, um nun in die Zwangsjacke gesteckt zu werden. Erst spät abends, als der Chef den jungen Mann mit dem Schmuck in der Anstalt suchen ließ, klärte sich die Sache auf, der junge Mann wurde entlassen, der Irrenarzt sah allerdings ein, dass er düpiert war, aber den Schmuck und das Geld für denselben hatte der Juwelier an eine Hochstaplerin verloren, welche auf den Mangel der Verteidigung im Irrenprozess ihren verbrecherischen Plan aufgebaut hat. Wäre diese amüsante Geschichte möglich gewesen, frage ich nochmals, wenn der Anstaltsdirektor den jungen Mann nicht hätte festhalten dürfen ohne ein ordentliches Verfahren, welches insbesondere die Anklägerin und den Angeklagten nebst dem Zeugen, in diesem Falle den Chef, *zugleich* einzuvernehmen anordnet?

Ich habe diese Begebenheit amüsant genannt, aber wie viele solcher Begebenheiten mögen unendlich traurig ausgefallen sein, wie oft mag die böse Absicht und das Verbrechen gesiegt haben, wie viele unschuldige Opfer des Mangels der Verteidigung im Irrenprozess geworden sein?

Wenn auch in der angeführten Geschichte die Polizei keine Rolle spielt, so wollte ich nur an einem drastischen Falle dartun, wie gefährlich es ist, jemanden einer angeblichen Geisteskrankheit wegen zu verurteilen, ohne ihm die Gelegenheit geboten zu haben, sich gegen die Anklage und deren einzelne Verdachtsmomente in ausgiebigstem Maße verteidigen zu können. Auch darin muss jede andere Rücksicht in den Hintergrund treten vor der eminenten Gefahr, welche dieser Mangel heraufbeschwört.

Aber es genügt die *Selbstverteidigung* allein dem gesunden Menschenverstand noch nicht. Dem Angeklagten, *der durch den bloßen Umstand, dass er in dem Verdacht des Irrsinns steht, in eine begreifliche Aufregung geraten muss*, insbesondere dann, wenn er eben gesund ist, und dessen Selbstverteidigung infolge dessen der notwendigen Ruhe und Überlegung entbehrt: Dem Angeklagten soll in allen Fällen in der Person eines Rechtsanwalts ein Verteidiger zur Seite gestellt werden, wie im Strafprozess.

Nicht minder gefährlich ist der Ausschluss der Öffentlichkeit in einem Prozess, der den Verlust der persönlichen Freiheit auf unbestimmte Zeit, die Vernichtung des moralischen Daseins, die schlimmsten Folgen für die Zukunft in den weitaus meisten Fällen zur Folge hat. Die Öffentlichkeit hat ein Recht, sich über die Gebarung auf jedem Rechtsgebiete Gewissheit zu verschaffen, sie bedarf dieser Kenntnis *zu ihrer eigenen Beruhigung.*

Sehnlichst hat sie diese Gewissheit in einigen Fällen schon gewünscht. Klarheit hätte das Volk beruhigt, wo es gar tief beunruhigt war und *sich nach den bestehenden Gesetzen keinen Einblick in die Angelegenheit zu verschaffen in der Lage war*: Ich erinnere nur an einen Fall, an das traurige Ende des edlen Menschen, des deutschen Mannes, des kunstsinnigen Königs Ludwig II. von Bayern (S. 41). Und ich erinnere an einen anderen, vielleicht weniger beunruhigenden Fall, der jedoch in einem konstitutionellen Staate, dessen höchstes Prinzip die Immunität seiner Volksvertreter sein muss, in jedem Denkenden den lebhaften Wunsch nach einer *öffentlichen*, an bestimmte Formen, welche jede Willkür ausschließen, gebundene Verhandlung gegen der Geisteskrankheit Verdächtige wachzurufen geeignet war: Die österreichischen Tagesblätter brachten im Jahre 1885 die kurze lakonische Mitteilung: »Das Bezirksgericht Kleinseite in Prag bringt zur Kenntnis (des österreichischen Abgeordnetenhauses), dass der Abgeordnete, Generalmajor Sametz, irrsinnig geworden und für ihn ein Kurator bestellt wurde.« Es wurde ein Abgeordneter aus seiner Stellung entfernt, ob mit Recht oder Unrecht erscheint uns hier gleichgültig, das Wichtige daran ist, dass es auf eine Weise geschah, welche dem *Abgeordnetenhause* darüber keine Beruhigung zu verschaffen vermag, dass nicht auch morgen dieser und übermorgen jener Abgeordnete unter demselben Titel dem gesetzgebenden Körper entzogen werden.

Die Öffentlichkeit ist ja ein Hauptprinzip des modernen *Strafprozesses*, und dieses Prinzip gewährleistet den Ausschluss der Willkür, und dennoch hat sie allein nicht genügt, dennoch hat man dort, wo es sich um schwere Freiheitsstrafen handelt, an die Stelle der gelehrten Richter das *Volk* als Richter gesetzt: *die Geschworenen.*

Warum nicht auch im *Irrenprozess?*

Der Einwand ist derjenige, den ich schon dort abgefertigt habe, wo ich von der Verletzung der staatsbürgerlichen Gleichheit (S. 57 - 60) gesprochen habe: Der durchaus unmaßgebliche Einwand, dass die öffentliche Verhandlung den Geisteskranken und dessen Verwandten aufzuregen geeignet ist. Nun, man kümmert sich doch im Strafprozess auch nicht um die Aufregung des Angeklagten und seiner Verwandten.

In der Tat aber werden ja Geisteskranke sehr oft von Geschworenen gerichtet, und zwar im Strafprozess.

Obgleich das, was ich im Nachstehenden sagen will, in allen Kulturstaaten zutrifft, so nehme ich doch England als Beispiel, weil es derjenige Staat ist, der vom Rechtsstandpunkte nur *gefährliche* Geisteskranke kennt und als solche behandelt.

Es werden nämlich (S. 26) nur solche Personen als geisteskrank den öffentlichen Anstalten überantwortet, die 1. in der strafgerichtlichen Voruntersuchung als geisteskrank erklärt, 2. im Strafprozess wegen Geisteskrankheit freigesprochen und 3. unter Umständen ergriffen wurden, welche auf verbrecherische Neigung *und* Irrsinn des Ergriffenen deuten.

Wenn nun jemand in der strafgerichtlichen *Untersuchung* als irrsinnig erklärt wird, *so ist seine Gefährlichkeit durchaus nicht erwiesen,* weil ihn ja die Geschworenen in der Hauptverhandlung von dem Verbrechen, dessen er angeklagt war, vielleicht freigesprochen hätten, ohne den Freispruch auf das Moment der Geisteskrankheit zu gründen; der Angeklagte konnte ja das Verbrechen gar nicht begangen haben, oder die Tat war kein Verbrechen: *Es konnte der subjektive oder der objektive Tatbestand fehlen.* War nun der Angeklagte kein Verbrecher, so ist er auch kein gefährlicher Geisteskranker.

Dies in Bezug auf den *ersten* und Folgendes auf den *letzten* Punkt!

Die verbrecherische Neigung des Irrsinnigen ist nur dann bewiesen, wenn sich eine verbrecherische Tat zur Beurteilung darbietet; diese muss aber vor dem ordentlichen Richter, dem Geschworenen beurteilt werden: Auf eine Vermutung hin darf niemand seiner persönlichen Freiheit beraubt werden.

Der Punkt 2 der *englischen* Bestimmungen, wann jemand für gefährlich geisteskrank gehalten werden soll, ist es nun, der in allen Kulturstaaten bereits Geltung hat und im heutigen Irrenrechte einzig und allein jenen Anforderungen entspricht, welche ein gesundes Rechtsgefühl an die Irrengesetzgebung stellen muss. *Wo es nur immer Geschworene gibt, wird der Geisteskranke, der eines Verbrechens angeklagt ist, von den Geschworenen dafür erklärt.*

In allen Kulturstaaten sitzen also tatsächlich Geschworene über den Geisteskranken zu Gericht, jedoch nur über die der *gefährlichsten* Art. Ist dies nicht gleichfalls eine Verletzung der Gleichberechtigung, *hat nicht jeder andere der Geisteskrankheit Verdächtige dasselbe Recht darauf, von dem öffentlichen Volksgericht gerichtet zu werden, wie der geisteskranke Verbrecher?* –

Erst dann wird die Rechtsunsicherheit auf dem Gebiete des Irrenrechtes weichen, bis das Recht der Verteidigung und die öffentliche Verhandlung vor Geschworenen in den Prozess gegen Irrsinnige ihren Einzug gehalten haben werden. Dann wird aber auch das soziale Misstrauen gegen Geisteskranke schwinden; dann wird unter einem die herrschende Anschauung auch eine ihrer wichtigsten Stützen verlieren und niemand mehr imstande sein, das soziale Misstrauen gegen des Irrsinns Verdächtige zu schüren.

4. Der Arzt als Richter

Schon an früherer Stelle habe ich die Gefahr dieser Doppelstellung des Arztes, welche sich im Polizei- und Irrenarzte noch wesentlich steigert, dargetan.

Die heutige Anschauung geht dahin, dass nur der Arzt darüber zu urteilen kompetent sei, ob jemand geisteskrank sei oder nicht. Der Grund dieser Anschauung ist eine richtige wissenschaftliche Prämisse: die Gebundenheit der Gesundheit des Geistes an die Gesundheit des Gehirns. Ich habe an früherer Stelle ausgeführt, dass trotz der exakten Wahrheit dieses Satzes derselbe im Irren*rechte* mit größter Reserve benützt werden muss, da es einerseits eingebildete Kranke gibt und andererseits nicht *jede Gehirnkrankheit zugleich eine Geisteskrankheit ist,* was allerdings auch nicht in dem obigen Grundsatz gesagt ist, welcher eben nur behauptet, *dass jede Geisteskrankheit einer Gehirnkrankheit entspringt.*

Es ist erst von der *vorhandenen* Geisteskrankheit auf die Gehirnkrankheit, aber nicht umgekehrt von der vorhandenen Gehirnkrankheit auf die Geisteskrankheit zu schließen.

Wenn es also auch der Wissenschaft vergönnt wäre, die *Gehirnkrankheit* – selbstredend ohne die oft vorhandenen Geistesstörungen – bestimmt zu diagnostizieren, was keineswegs der Fall ist, so wäre damit noch immer kein wissenschaftlich untrügliches Mittel geschaffen, die *Geistes*krankheit zu erkennen. Nun hat aber die Psychiatrie (S. 39 u. ff) noch keinen untrüglichen Untersuchungsweg, keine untrügliche Untersuchungsart überhaupt entdeckt. Die Symptome, auf welche sie sich stützt, haben keinen Anspruch auf wissenschaftlichen Wert und erweisen sich stets als irrelevant.

Nur die Handlung, die *Summe* der persönlichen Äußerungen, ist es, was ein Subjekt geisteskrank erscheinen lassen darf; und dies zu beurteilen, ist nicht der *Arzt,* sondern der *Mensch* berufen. *Und in der Tat ist es auch nicht der Arzt, sondern der Mensch im Arzte, der dieses Urteil fällt.* Darum der Widerspruch in den Diagnosen bei der Beurteilung des Geisteszustandes Ludwigs II., darum auch der Irrtum des Irrenarztes in dem auf Seite 66 angeführten Falle. Wir würden noch weit mehr solcher Fälle kennenzulernen imstande sein, wenn es nach heutigem Rechte nicht so schwer, ja unmöglich wäre, den Priestern der Medizin dort den Beweis zu erbringen, wo sie unrecht hatten.

Und kann es denn anders sein, ist denn die Beurteilungskraft im Allgemeinen abhängig von der oft zufälligen, dem persönlichen Talent sogar widersprechenden Wahl des Berufes? Nein – und darum ist es auch gewiss, dass ein Mensch in irgendeinem anderen Berufe, der mit großer Beobachtungsgabe, mit scharfem Kombinations- und Schlussvermögen ausgestattet ist, auch einen der Geisteskrankheit Verdächtigen wird sicherer beurteilen können, als der mittelmäßig veranlagte Arzt. Überdies aber beurteilt der Laie den Verdächtigen mit unparteiischem, *vollständig unbefangenem Blicke*; nicht so der Arzt, der, wenn ihm einmal jemand als des Irrsinns verdächtig erscheint, gar nicht mehr den Gedanken fassen kann, einen Gesunden vor sich zu haben; denn sein Beruf gewöhnt ihn zu sehr an Kranke, während der Geschworene auf den Eindruck, den der Angeklagte auf ihn macht, auf die Aussagen der Zeugen, die *Einwürfe des Angeklagten* und seines Verteidigers das größte Gewicht legen und so ein Urteil gewinnen wird, welches weit verlässlicher und gerechter als das *befangene* des Arztes.

In dieser Richtung kann ich einen durchaus unklaren und unsicheren Fall erzählen, der diese Behauptung voll beweist: Der Verteidiger eines wegen wiederholter Brandlegung Angeklagten stellt den Antrag auf Untersuchung des Geisteszustandes seines Klienten. Die ersten ärztlichen Untersuchungen ergaben kein Resultat; der ältere der beiden Gerichtsärzte neigte sich jedoch sofort der Ansicht zu, dass hier keine Geisteskrankheit vorliege, nicht so der jüngere, welcher den Delinquenten täglich besucht und ihn wiederholt fragte, ob er nicht *Träume* hätte, in welchen ihm Feuer und Flamme, Blitz und Glut erschienen. Anfangs verneinte der Delinquent, als jedoch diese Frage immer aufs Neue an ihn gestellt wurde, *da ward er anderen Sinnes* und behauptete nun plötzlich ganz nach dem Inhalte der von dem jüngeren Gerichtsarzte früher gestellten Fragen, dass er oft Träume habe mit Feuer und Flamme, Blitz und Glut. Auch jetzt noch war der zweite Gerichtsarzt seiner alten Ansicht; als ihm jedoch ein geistreiches Parere, welches *ein ganzes Kapitel aus einem Lehrbuche der Psychiatrie reproduzierte* und den Angeklagten als mit Pyromanie behaftet vonseiten des jüngeren Kollegen diagnostizierte, schön ausgearbeitet vorgelegt wurde, da – unterschrieb er es auch. Die strafgerichtliche Untersuchung wurde eingestellt und der Angeklagte seiner Heimatgemeinde übergeben.

Der Arzt war hier Richter, er urteilte jedoch nicht als solcher, sondern als Mensch, aber befangen vom ärztlichen Berufe, vielleicht auch gedrängt von Eitelkeit, ein schönes Parere auszuarbeiten, das angestaunt werden sollte.

Wer hat da nicht die volle Überzeugung gewonnen, dass der Wunsch *Gambettas*, den Arzt als Irrenrichter abzusetzen und an seine Stelle das Volk als Geschworene treten zu lassen, volle Berechtigung hat?

Allerdings werden wir uns nicht der Einsicht verschließen, dass die medizinische Wissenschaft in vielen Fällen das *Recht* zu unterstützen geeignet ist und dass somit die *Gerechtigkeit* der Ärzte als *Sachverständige* oft nicht entbehren kann – aber eben nur als *Sachverständige*, die kritisiert werden können, und nicht als *Richter*.

Hingegen jedoch vermag auch das Recht im Sinne des Gerechten, des διχαιον, die ärztliche Wissenschaft insbesondere auf dem Felde des Irrenwesens durch seine *Kritik* wesentlich zu fördern; denn, wenn schon überhaupt die Kritik den Fortschritt kennzeichnet, um wie viel mehr auf einem Gebiete, wo bis heute keine Kritik geübt wurde und der Autoritätsglaube seine volle Geltung behauptet, und eine Kritik zudem, die *das allgemeine Rechtsgefühl* durch seinen Anwalt, die Geschworenen aus allen Klassen des Volkes ausübt! –

Es ist ein großer Unterschied zwischen Richter und Arzt, wie sie beide rechtlich betrachtet werden müssen: Der *Richter* ist im modernen Staate *unverantwortlich*, er hat nur seiner Überzeugung zu folgen, kann das Gesetz nach seiner Auffassung interpretieren und nach seinem Ermessen auf einen konkreten Fall anwenden; ihn bindet nicht die Verantwortlichkeit irgendjemandem gegenüber, ihn binden aber sein berufsmäßig ausgebildetes Rechtsgefühl, sein Eid als Richter, seine Ehre, sein Gewissen. Der *Arzt* ist aber und muss es sein, in seinem ganzen Tun und Handeln, soweit es seinen Beruf angeht, dem Staate, der Gesellschaft und den

Gesetzen *verantwortlich*, und diese Grundauffassung ist im Irrenrechte umgestoßen, der Arzt ist hier *unverantwortlich* und dadurch in die Funktion des *Richters* getreten.

Wie die Verteidigung und das Öffentlichkeitsprinzip in den Irrenprozess ihren baldigen Einzug halten müssen, so kann der Arzt in demselben nicht mehr Richter bleiben, und wenn es nur deshalb wäre – weil nicht alle Ärzte zugleich Irrenärzte sind.

5. Die Behandlung Geisteskranker

Obgleich die Humanität so manchen Fortschritt in der Behandlung Geisteskranker zu verzeichnen hat, so ist keineswegs noch alles erreicht, was anzustreben ist, und insbesondere steht die herrschende Anschauung folgenden Reformen im Wege.

Schon seit längerer Zeit stehen mit nordamerikanischen Irrenanstalten *Garten- und Landwirtschaften* in Verbindung, welche von den Bewohnern jener Anstalt besorgt werden. Neuerdings hat sich *Schlager* in Wien für dieses System der Behandlung ausgesprochen, weil es die Kranken in wohltätiger Weise zerstreut und von trüben Gedanken ablenkt. Doch das Streben nach dieser Einführung hat in Europa viele Gegner unter den Irrenärzten, welche den Grund ausspielen, dass die mit einer gewissen Freiheit ausgestatteten Geisteskranken, dieselbe zum Selbstmord missbrauchen könnten – immer also der eine so hinfällige Einwurf, den wir bereits hinlänglich entkräftet zu haben glauben.

Ganz anderer Art ist der angebliche Grund für *das Prinzip der größten Abgeschlossenheit* der Geisteskranken, der keinen Brief schreiben, keinen empfangen darf, ohne dass der Anstaltsdirektor von demselben Kenntnis nimmt. Da wird gesagt, dass Irre oft mit Briefen die Außenwelt belästigen, ihre Verwandten unnütz aufregen und dergleichen mehr. Wer wird jedoch nicht weit früher annehmen, dass der wahre Grund dieser Einrichtung der ist, den Gefangenen zu verhindern, die Außenwelt auf sich aufmerksam zu machen und ihr den Beweis zu erbringen, dass er mit Unrecht in der Anstalt festgehalten wird; denn das muss für den Irrenarzt, der ja gewiss nicht von böser Absicht geleitet sein muss, der sich jedoch im Irrtum befinden kann, sehr unangenehm sein. Der Anstaltsdirektor will eben unumschränkter Herr sein, wie wir das auch bei Gelegenheit der Besprechung der Anstaltsvisitationen sehen werden.

Die dunkelsten Flecken sind jedoch die *Zwangsjacke* und die *Einzelzelle*. In wie vielen Fällen schon kam nicht der Tobsüchtige in die Zwangsjacke und die Einzelzelle, sondern erst die Zwangsjacke und die Einzelzelle haben die Tobsucht erzeugt? In wie vielen Fällen wurde das Aufbäumen des gesunden Rechtsgefühls für Tobsucht gehalten? Doch davon an anderer Stelle.

Es wäre hier noch auf die Behandlung jener Unglücklichen zurückzukommen, welche bei Nervosität, Überanstrengung, Sorgen und dergleichen mehr von Schlaflosigkeit geplagt, auf ärztlichen Rat, oder ohne denselben zu den Giften Morphium und Chloralhydrat gegriffen haben und dadurch zu jener eigentümlichen Kategorie von Kranken gehören, deren Zustand die allerärgste Verschlimmerung erfährt, wenn das gewohnte Gift plötzlich nicht mehr eingenommen wird. Es gilt dies nicht nur für Opiate und Chloralhydrat, sondern auch für Arsen und selbst für Alkohol bei starken Branntweintrinkern, es gilt dies insbesondere für die subkutanen Injektionen mit Giften. Die Behandlung solcher Unglücklichen ist keineswegs überall eine richtige, indem eben sehr oft dem Kranken verwehrt wird, das gewohnte Mittel weiter zu nehmen; was dadurch entsteht, ist aber eben die außerordentliche Steigerung des ganzen Krankheitsbildes.

Noch zu gedenken sei auch der Unvernunft einiger Irrenärzte, die dem zu entlassenden Patienten zu der ganzen Seelenlast, die er aus der Anstalt mitnimmt, noch die dazu bürden, dass sie ihm voraussagen, welche Fortschritte seine (oft vermeintliche) Krankheit nehmen werde. Da ist zum Beispiel die Voraussage der Angstgefühle etwas häufig Vorkommendes; nun, diese Voraussage tritt gewöhnlich ein, hört aber stets dann auf, wenn der Betreffende zu der Einsicht kommt, *dass sie bloß eingetreten ist, weil die Voraussage die Angst erzeugt hat*; hätte die Voraussage nicht stattgefunden, dann hätten sich auch die Angstgefühle nicht eingefunden.

6. Die Anstaltsvisitationen

Dass Anstaltsvisitationen im Interesse der persönlichen Freiheit und aus anderen Gründen überall zu bestehen haben, ist nicht allein durch Gesetze und Verordnungen bestimmt, sondern auch von Staatswirten und Juristen immer betont worden.

Trotzdem geschehen die Visitationen einerseits zu selten, andererseits nicht mit der gehörigen Sorgfalt, sodass die Visitationen eher *Besuche* der Anstalt genannt werden können. Darum empfiehlt auch Gambetta, dass die Visitationen mindestens alle vierzehn Tage stattzufinden haben, und ich gedenke diese berechtigte Forderung durch Vorschläge von Verfügungen über die Zusammensetzung der Kommissionen und deren Aufgaben im zweiten Abschnitt dieses Buches zu vervollständigen.

Ja sträubt man sich denn gegen die öfteren Visitationen auch?, fragt mein Leser. Nun, hören wir die Worte *Jollys*[20], der ja der getreue Dolmetscher der heutigen Anschauungen ist: »Ungerechtfertigte Unterbringungen und Festhaltungen in Irrenanstalten und ebenso allen sonstigen Pflichtverletzungen der Vorsteher wird wirksam gegengesteuert durch amtliche Visitationen der Anstalten. Es müssen daher solche jedenfalls von Zeit zu Zeit und zum Teile unvermutet vorgenommen werden. *Da sie aber die Kranken aufregen und beunruhigen, und also ihre Gesundheit oder Wiederherstellung gefährden, so dürfen sie nicht in dem Maße gehäuft werden, als außerdem zweckmäßig wäre.*«

Selbstredend akzeptiert Jolly hier die Ansicht von Irrenärzten, die ja durch häufige Visitationen, deren Kommissions-Mitglieder insbesondere durch die Übung auch eine größere Fachkenntnis gewinnen würden, in ihrer freien Handlungsweise wesentlich gehindert wären; denn sie

---

[20] Schönbergs Handb. II, S. 558;

müssten doch eine größere Sorgfalt an die Untersuchung verwenden, dürften keinen der Kranken aus dem Auge verlieren, *um durch keinen Fall plötzlicher Genesung überrascht zu werden.*

Wir reden selbstverständlich nur theoretisch und sind überzeugt, dass zumeist, wenigstens bei den öffentlichen Anstalten, nichts in der Leitung zu wünschen übrig bleibt – sind jedoch die Leiter auch imstande, alles selbst zu übersehen? Und wenn sie es wären: *im Rechte, und nur davon sprechen wir, muss alles gewährleistet sein,* nichts bloß gehofft, angenommen, erwartet, anheimgegeben!

7. Verwaltung und Verwendung des Vermögens

Wo dem Geisteskranken ein Kurator bestellt wird, da ist ein verantwortlicher Verwalter seines Vermögens geschaffen, wo dies aber nicht der Fall ist, wie es zumeist geschieht, da tritt ein Verhältnis ein, wie es nicht rechtloser gedacht werden kann (S. 59).

Wenn ein Geisteskranker dauernd in einer Irrenanstalt verbleibt, so wird ihm endlich doch auch ein Kurator bestellt, wenn er Vermögen besitzt.

Wenn jedoch jemand, der bemittelt ist, in eine *Beobachtungsanstalt* gebracht wird, dann fehlen bestimmte Formen der Vermögensverwaltung, und es sollte doch niemals von den Verwandten abhängen, was sie zu des Verdächtigen Wohlleben, zu seiner Bequemlichkeit und Zerstreuung verwenden wollen, und in dieser Richtung kennzeichnet einen erheblichen Fortschritt die französische Gesetzgebung[21], wonach die notwendigsten Vermögensverwaltungsakte für die in Anstalten aufgenommenen, nicht unter Kuratel stehenden Geisteskranken von den Mitgliedern der aus Ehrenbeamten gebildeten Überwachungskommissionen, welche bei den öffentlichen Irrenhäusern bestehen, vorzunehmen sind. Aber auch sie hat große Mängel; denn einmal halten wir die Kuratelbestellung für ein dringendes Postulat des Ir-

---

[21] Art. 31 des Gesetzes vom 30. Juni 1838;

renrechtes, das überall und unter allen Umständen zu erfüllen ist, und dann bestehen die in Rede stehenden Überwachungskommissionen nur bei öffentlichen Anstalten, während solche gerade in Bezug auf die Vermögensverwaltung bei Privatirrenanstalten noch wünschenswerter wären.

Was nun noch insbesondere den ersten Mangel auch im französischen Irrenrechte anbelangt, so ist es keinem Zweifel unterworfen, dass ein Vermögenskurator, welcher der gerichtlichen Obervormundschaftsbehörde verantwortlich ist, einer Kommission vorzuziehen ist, welche als solche unverantwortlich sich vielleicht manchmal von Gesichtspunkten leiten lässt, die einem Kurator die gerichtliche Verantwortung auferlegen könnten.

8. Die Entlassung

Das tatsächliche Recht der Entlassung aus einer Irrenanstalt hat überall der Anstaltsdirektor, obgleich die bürgerlichen Gesetze in Österreich und Deutschland, die Irrengesetze in Frankreich und England bestimmen, dass die Entlassung über Gerichtsbeschluss auf Antrag des Geisteskranken selber, seines Vormunds, Rechtsanwalts, eines Freundes oder des Staatsanwalts erfolgen kann; denn dieser Gerichtsbeschluss wird immer von dem Gutachten des Anstaltsdirektors, im besten Falle dem anderer Irrenärzte abhängen, zudem hat der Gefangene selbst gar keine Gelegenheit. einen Antrag zu stellen, weil ja ein solcher schriftlicher Antrag den Weg zum Staatsanwalt oder Gericht aus der Anstalt niemals findet.

England steht hierin allein auf der Höhe der Irrengesetzgebung. Beide Irrenhäuser-Visitations-Kommissionen, die daselbst bestehen (S. 26), haben die Befugnis, Personen, welche ohne genügenden Grund festgehalten werden, *sofort* zu entlassen. Und abermals müssen wir betonen, dass dort schon das Prinzip der Entlassung durch Geschworene, wie es Gambetta aufgestellt, gewissermaßen Rechtskraft gefunden hat; denn diese Kommissionen sind zum Teile aus Laien aus dem Volke zusammengestellt.

Hier ist noch eines großen Unrechtes zu gedenken, des Rechtes der Anstaltsdirektoren, geisteskranke Personen gegen Revers, dass dieselben die nötige Aufsicht erhalten und die erforderliche Behandlung erfahren werden, an ihre Verwandten auszuliefern. Dieses Recht nenne ich darum ein Unrecht, weil ein Missbrauch desselben oft möglich ist; denn einerseits kann auf diese Weise nach kurzer Zeit eine Person entlassen werden, die aus Mitleid oder Rücksicht geisteskrank erklärt worden ist, anstatt dem *Strafgericht* übergeben worden zu sein, und die so der verdienten Strafe entgeht; es kann andererseits ein Kranker in die Hände gewinnsüchtiger Verwandter überliefert werden. Diese Einrichtung ist eben eine Folge der rechtlosen Halbheit im Verfahren der Aufnahme und wird fallen können und müssen, wenn dieses nach den Postulaten des bis heute auf dem Gebiete des Irrenwesens unerfüllten Menschenrechtes geordnet sein wird.

D. Die Folgen der heutigen Rechtszustände

Wahrhaft erschrecklich sind die Folgen, welche getragen von ihren tief eingewurzelten Ursachen die heutigen Rechtszustände auf dem Gebiete des Irrenwesens täglich und stündlich erzeugen.

Das höchste Gut der Menschheit, die persönliche Freiheit, sie ist arg bedroht und gefährdet; ungezählte Opfer erlitten eine ungerechtfertigte Beschränkung derselben durch die bestehenden Irrenrechte. Was hat in dieser Richtung schon der *Irrtum* verbrochen, und was erst die *Absicht!* Das *politische*, das *geschäftliche*, das *gesellschaftliche* und *Familienleben* geben ja reichliche Veranlassungen zu dem Wunsche, jemanden zu beseitigen, und die Gelegenheit hierzu bietet die Rechtlosigkeit im Irrenwesen. Eine Sühne, eine Strafe aber war noch gar nie gegen den *absichtlichen* Beschränker der persönlichen Freiheit eines anderen, noch weniger gegen den aus Irrtum erreicht worden; denn dafür sorgen eben die trostlosen Rechtszustände, welche die Beschwerde eines in dieser Richtung erlittenen Unrechts wegen immer als erfolglos erwiesen haben.

Und was entsteht dadurch? Nichts Geringeres als die *Sanktionierung des Verbrechens*, ein willkommener Schutz für den Verbrecher und die fürchterliche Lage selbst desjenigen, dem seine Freiheit wiedergegeben wird, in jeder, in wirtschaftlicher, sozialer, ja in körperlicher Beziehung. Das soziale Misstrauen gegen Geisteskranke wird gesteigert, Wirtschaften und Unternehmungen werden ruiniert, Menschenleben vernichtet oder zum jahrelangen Siechtum verurteilt.

Die Rechtsunsicherheit im Irrenwesen macht sich nicht allein auf allen Gebieten des Privatrechtes geltend, sie beleidigt auch öffentliche Interessen in hohem Grade. Während einerseits die Kosten der Irrenhäuser immer steigen und Leute Unterkunft und Obdach darin finden, die eigentlich ins Kriminal gehören oder den Tod des Verbrechers verdient haben; während Arbeitskräfte der Volkswirtschaft entzogen werden, fallen wirkliche Geisteskranke den Angehörigen oder Gemeinden zur Last, oder gehen elend zugrunde.

Den höchsten Schaden aber fügt die Rechtlosigkeit im Irrenrechte dem *allgemeinen Rechtsgefühl* zu, welches durch die Schädigung des Strafrechts einerseits und durch die vielen Ungerechtigkeiten im bürgerlichen Leben andererseits in unverkennbarer Weise geschädigt wird.

Wer immer den Mut hat, insbesondere durch seine Stellung berufen ist, gegen diese Zustände und deren fürchterliche Folgen anzukämpfen und die Zertrümmerung derselben herbeizuführen, der möge es tun und er erwirbt sich ein großes Verdienst um die Menschheit und die Menschheitsrechte. Und – qui cito dat, bis dat!, *jede Stunde kann neue Opfer heischen, in jeder neuen Stunde ein Menschendasein vernichtet werden*. Wer da säumt, für das Gerechte einzutreten, sobald er es erkennt, der versündigt sich am Menschengeschlechte.

Freilich, wer erkennt es? Wer kümmert sich darum in seinem Egoismus, ob dem anderen ein Unrecht zugefügt worden ist? »Er soll sich selbst helfen, was brauche ich mir die Finger zu verbrennen«, so spricht man; *niemand bedenkt im Augenblicke des Glückes, dass dasselbe Unrecht auch ihm zugefügt werden kann.*

Auf keinem Rechtsgebiete aber erhebt sich diese Drohung für alle und jeden so deutlich und vernehmbar, wie auf dem des Irrenwesens! Niemand, *so hoch er auch stehe, so mächtig er auch sei*, halte sich sicher, auch er hat Feinde, die ihn unter den heutigen Rechtsverhältnissen durch die Verdächtigung der Geisteskrankheit vernichten können.

Niemand darf sich sicher wähnen, wo *Rechts*unsicherheit herrscht und darum mögen sich alle zum Kampfe gegen dieselbe erheben!

Alle; denn »wenn tausend Mann zu kämpfen haben«, sagt *Rudolf Jhering*,[22] »mag man die Entfernung eines Einzelnen nicht verspüren: Wenn aber Hunderte von ihnen die Fahnen verlassen, so wird die Lage derer, die treu aushalten, eine immer misslichere, die ganze Last des Widerstandes fällt auf sie allein. In diesem Bilde glaube ich die wahre Gestalt der Sache entsprechend veranschaulicht zu haben. Auch auf dem Gebiete des Privatrechtes gibt es einen Kampf des Rechtes gegen das Unrecht, *einen gemeinschaftlichen Kampf der ganzen Nation*, bei dem alle fest zusammenhalten müssen, auch hier begeht jeder, der flieht, einen Verrat an der gemeinsamen Sache; denn er stärkt die Macht des Gegners, indem er dessen Dreistigkeit und Keckheit erhöht.« –

1. Die ungerechtfertigte Beschränkung der persönlichen Freiheit

Die persönliche Freiheit ist das Leben der Seele, Licht und Wärme für das Gemüt, ohne sie lebt die Seele nicht; ein Volk, welches sich dieses höchste Gut nicht zu erkämpfen vermocht hat, ist ein Volk ohne Seele, da verkümmert das geistige und sittliche Leben.

Jahrtausende lang hat die Menschheit um das ungeschmälerte Recht der persönlichen Freiheit gekämpft, und

---

[22] Kampf ums Recht, 6. Aufl., S. 47;

der Schutz dieses Rechtes, die Bürgschaft für dieses höchste Gut ist die *staatsbürgerliche Ordnung mit dem Prinzip der staatsbürgerlichen Rechtsgleichheit.*

Auf dem Gebiete des Irrenwesens jedoch hat dieses Prinzip noch nicht sein Bürgerrecht erkämpft.

Hier ist nicht jeder dem anderen *gleich*, hier ist keine *Ordnung*; die *Willkür* allein schafft sich ihren Maßstab, wählt das Verfahren und das Urteil. Das Irrenrecht ist aber auch ein Feld, auf dem anders gehandelt wird, als auf jedwedem anderen Rechtsgebiete; es fehlt da der ordentliche Richter, die Öffentlichkeit und die Verteidigung des Angeklagten.

Warum aber bestehen denn sonst diese drei Prozessprinzipien überall? Um den Irrtum nach Möglichkeit auszuschließen, um der Willkür und der bösen Absicht Schranken zu setzen!

Im Irrenrechte fehlen sie, und darum ist es ein Plan, auf welchem der *Irrtum sein ständiges Lager* aufgeschlagen hat, und auf welches sich *Willkür und böse Absicht, die allerorten verdrängt worden sind, hingeflüchtet haben,* um im Dunkel der Rechtslosigkeit umso schrecklicher zu hausen.

Alle die Momente, denen mein Leser in früheren Kapiteln seine Aufmerksamkeit geschenkt hat, die menschlichen Schwächen der Ärzte, das soziale Vorurteil, die falschen Prämissen der Heilkunde, die Verquickung der Begriffe Geisteskrankheit und Gehirn- und Nervenkrankheit, insbesondere jedoch der Mangel eines ordentlichen, an ein bestimmtes Verfahren gebundenen Richters, der Verteidigung und der Öffentlichkeit: Sie alle unterstützen den *Irrtum* in einer Weise, dass ihm schon ungezählte Opfer anheimgefallen sind und täglich anheimfallen.

Wir brauchen hier noch nicht von der *Absicht* zu sprechen, obgleich auch diese wieder vom Irrtum gefördert wird. Der unschuldigste Irrtum hat im Irrenwesen ebenso viele Schrecknisse und moralische und körperliche Morde erzeugt, als die fanatische Inquisition, die Hexenprozesse und die Femgerichte, denen ja das heutige Irrenrechtsverfahren vollkommen ähnlich ist.

Überdies ist ja nirgends ein Irrtum leichter möglich als da. Der leidenschaftlich Erregte unterscheidet sich ja in seinem Wesen und selbst seinen Taten nicht vom Geisteskranken. Erziehung und Lebensweise erzeugen oft einen Wahn, dem ganze Ortschaften heute noch anheimfallen, zum Beispiel dem Glauben an Geister und Zauberer. Wie schwer sind oft die Motive einer Tat zu erkennen, weil sie persönliche Verhältnisse verhüllen, weil der Täter über dieselben schweigt, oft zu schweigen gezwungen ist. Man bedenke ferner, was wir schon einmal gesagt haben, die heftige Aufregung des Verdächtigen, welche allein der Umstand, dass er sich des Irrsinns verdächtig sieht, hervorrufen muss; man bedenke, dass jeder Unglückliche an und für sich ein gedrücktes, oft scheues Wesen zur Schau trägt, dass der Nervöse, deren es heute so viele gibt, unter der fürchterlichen Anklage der Geisteskrankheit seine Fassung vollständig verlieren muss. Und nun erst die große Reihe von Leidenschaften! Um nur eine anzuführen, die in Irrenprozessen sehr oft eine Rolle spielt, die Eifersucht – wie heftig äußert sie sich, wie oft macht sie den Eindruck des Wahnsinns? Und doch sind die verdächtigsten Äußerungen dieser Art wohl niemals mit Recht auf eine Geisteskrankheit zurückzuführen gewesen, sondern haben ihren natürlichen psychologischen Erklärungsgrund darin, dass der Eifersüchtige von zwei gleich starken Leidenschaften beherrscht wird, der Liebe und dem Zorn, welche ihn hin- und herreißen, bald sanftmütig und bald rasend machen und ihn zu den sonderbarsten Taten zwingen, über die er selbst lächelnd den Kopf schüttelt, wenn eine der Leidenschaften, entweder die Liebe oder der Zorn – in der Regel aber beide – ihre Herrschaft über ihn verloren haben. Nun wird man aber sagen, es gibt eine grundlose und eine begründete Eifersucht; sind beide mit demselben Maße zu messen? Gewiss; denn eine Leidenschaft hat keinen Grund, oder muss ihn nicht haben, die Liebe hat keinen Grund und kennt keinen Grund, die Eifersucht entsteht aus der Liebe und wird heftig, wenn der Zorn dazu tritt. Dass nun der Zorn oft entsteht aus einer eingebildeten Beleidigung, ist unzweifelhaft; wer aber will konstatieren, wann eine bloß eingebildete Beleidigung seine Ursache war, wer kann dies insbesondere in geschlechtlichen Verhältnissen tun?

Wenn das Rechtsgefühl auch irrt und eine Verletzung sieht, wo es keine gibt, das muss noch kein *Wahn*, das kann bloß *Irrtum* sein. Auch ist die Heftigkeit, mit welcher ein Individuum gegen das verletzte Rechtsgefühl reagiert, so unendlich verschieden bei verschiedenen Anlässen und verschiedenen Personen, dass solche Affekte immer eine genaue Untersuchung erheischen, wenn sie schon wirklich die Veranlassung zum Verdacht geben sollten.[23]

Und darum ist der Ruf nach einem Verfahren im Irrenrechte, das den Irrtum schwer machen soll, umso gerechtfertigter. –

Ein Mädchen hatte in einer Schublade alte Briefe aufbewahrt. Eines Tages, ehe sie ausging, warf sie beim Suchen nach einem Sacktuche einen Brief heraus, welcher liegen

---

[23] *Jhering*, Kampf ums Recht, 6. Auflage, S. 42: »Die Reizbarkeit des Rechtsgefühls ist nicht in allen Individuen dieselbe, sondern sie schwächt sich ab und steigert sich, je nach dem Maße, in welchem dieses Individuum, dieser Stand, dieses Volk die Bedeutung des Rechtes als eine moralische Existenzbedingung seiner selbst empfindet und zwar nicht bloß des Rechtes im Allgemeinen, sondern auch des einzelnen bestimmten Rechtsinstitutes. In Bezug auf das Eigentum und die Ehre ist dies oben nachgewiesen, als drittes Beispiel füge ich hier noch die Ehe hinzu – welche Reflexionen knüpfen sich an die Art, wie verschiedene Individuen, Völker, Gesetzgebungen sich dem *Ehebruch* gegenüber verhalten!« – und ebendaselbst S. 43: »Die Formen, in denen das verletzte Rechts- und Persönlichkeitsgefühl – gegen das Unrecht – reagiert, ob unter dem Einflusse des Affekts in *wilder leidenschaftlicher Tat*, ob mit maßvollem, aber nachhaltigem Widerstand, sind für die Intensität der Kraft des Rechtsgefühls in keiner Weise maßgebend, und es gäbe keinen größeren Irrtum, als dem wilden Volke oder dem Ungebildeten, bei dem die erste Form die *normale* ist, ein regeres Rechtsgefühl zuzuschreiben als dem Gebildeten, der den zweiten Weg einschlägt. Die Formen sind mehr oder weniger Sache der Bildung und des Temperaments; der Wildheit, Heftigkeit, Leidenschaftlichkeit steht die feste Entschlossenheit, Unbeugsamkeit, Nachhaltigkeit des Widerstandes vollkommen gleich.« –

blieb. Die Wirtin, welche kam das Zimmer aufzuräumen, fand diesen Brief, auf dem die Worte standen: »Heute nehme ich mir das Leben.« Sie eilte mit dem Briefe zur Polizei und – das Mädchen musste 14 Tage auf der psychiatrischen Klinik zubringen; denn man glaubte ihm nicht, dass der Brief vor vier Jahren an einen Verehrer geschrieben wurde, der längst vergessen war. –

Wie waltet der Irrtum bei der Beurteilung einer sogenannten *»fixen Idee«* oder dem *»Verfolgungswahnsinn«*! Da müsste ja doch stets erst untersucht und festgestellt sein, dass wirklich eine fixe Idee den Verdächtigen beherrsche, *dass sein Wahn wirklich Wahn und nicht Wahrheit sei, so sehr auch diese Wirklichkeit im Anfange märchenhaft erscheint*; da müsste untersucht und festgestellt sein, ob der Glaube an die Verfolgung nicht begründet ist, *ob nicht nach Recht und Billigkeit der Verfolger anstatt des Verfolgten zu beseitigen wäre.*

Selbst die scheinbar untrüglichsten der Prämissen schließen den Irrtum nicht aus, zum Beispiel bei der *geerbten* Geisteskrankheit. Ungeachtet aller anderen notwendigen Untersuchungsmomente[24] ist ja die Möglichkeit vorhanden, dass der Verdächtige gar nicht das Kind des

---

[24] Akute und epidemische Gehirnerkrankungen aller Art (Kopf-Typhus, Meningitis Hirnhautentzündung, Meningitis cerebrospinalis sporadica et epidemica Genickkrampf, Apoplexia, Haemorrhagia cerebri Hirnschlagfluss, ja selbst akute Encephalitis Entzündung der Hirnsubstanz), welche in wenigen Tagen, längstens Wochen, zum Tode oder zur Genesung führen, können in die Beurteilung der Erblichkeit, beziehungsweise der erblichen Anlage nicht einbezogen werden, weil deren Ursachen in der Regel persönlicher Natur sind. Eine Ausnahme macht hier Hydrocephalus acutus, Meningitis tuberculosa, Hitziger Wasserkopf, von welchem oft Kinder und Erwachsene mit ererbter, aber auch selbst erworbener Disposition zur Scrophulose befallen werden; hier aber ist die Erblichkeit solcher Art, dass die Vererbenden fast stets lungentuberkulös und nicht gehirnkrank waren, im Übrigen entwickelt sich die Meningitis tuberculosa zumeist in schleichender Weise. – Der Verwandtschaft Linie und Grad ist hierbei wohl zu erwägen; oft fällt der Verdacht der Erblichkeit auf eine, während sie in der Tat auf der anderen Linie zu suchen ist.

geisteskranken Vaters ist; denn »mater certa, pater semper incertus«; und wie es trügerisch ist, vom Vater auf das Kind, so ist es auch trügerisch, vom Kind auf den Vater in Bezug auf die körperliche oder geistige Erbschaft zu schließen.

Welche Täuschungen endlich haben schon Gifte bereitet, welcher Raum für den Irrtum und welche Leichtigkeit, ihn hervorzurufen! Die Wirkungen des Opiums, Atropins, Daturins, Strychnins, Helleborins, Aconitins, sind in Bezug auf Geisteskrankheiten überaus täuschende und oft von längerer Dauer, insbesondere, wenn diese Gifte längere Zeit hindurch genommen werden. Jedes derselben erzeugt eine eigene Art von Krankheitsbild, das mit einer bestimmten Gehirnkrankheit zu verwechseln ist, so Strychnin in der Nux vomica, dann Opium das Bild des Säuferwahnsinns, Aconitin und Helleborin das der Meningitis, Atropin das von Gehirngeschwülsten (Tumores cerebri), Daturin das der Gehirnerweichung (Encephalitis). Sie alle und die Wirkungen noch vieler anderer Gifte, wie Cynapin (in der Hundspetersilie), Amanitin (im Fliegenschwamm), Canabin-Harz (im Hanf), Cicuta virosa (Wasserschierling), Cocain (im Cocastrauch), Pikrotoxin (in den Kockelskörnern), Coniin (im gefleckten Schierling), Digitalin (im roten Fingerhut) und viele mehr können mit Geistesschwächung in verschiedenen Formen und Graden, mit Delirien, ja Tobsucht verbunden sein. Man wende ja nicht ein, dass alle diese Gifte schwer erhältlich sind – mitnichten: Der blaue Sturmhut (Aconit), die schwarze Nießwurz (Helleborin), die Tollkirsche (Atropin), der Stechapfel (Daturin), die Hundspetersilie, der Fliegenschwamm, der Hanf, der Wasser- und der gefleckte Schierling, der Fingerhut und viele andere, sie sind in der Natur überall zu finden und wachsen häufig als Unkraut. Dass in dieser Richtung der Irrtum schon sehr oft Opfer gefordert hat, ist umso gewisser, als die Toxikologie ein Stiefkind der medizinischen Wissenschaften ist. –

Soweit sprachen wir vom unschuldigen Irrtum, dem Irrtum ohne Dolus vonseiten des Arztes oder einer dritten Person.

Nun aber nehmen wir erst die vielen Opfer, die der *bösen Absicht*, welche der Irrtum anderer unterstützt hat, gefallen sind, die vielen, welche die bloße *Willkür*, der im heutigen Irrenwesen keine Rechtsschranken gesetzt sind, beseitigt hat!

Da gibt vor allem das *politische* Leben die öftere Veranlassung. Der Kampf um Macht und Einfluss, der unersättliche Ehrgeiz macht sich kein Gewissen daraus, jene auf die Seite zu schieben – gewaltsam, wenn es sein muss –, die der Befriedigung dieser Leidenschaften hindernd in den Weg treten; und welch prächtiges, gefahrloses Mittel hierfür ist das Irrenhaus! – Und da, wo die Polizei unter gewöhnlichen Verhältnissen nur das Recht hat, eine Person nur ganz kurze Zeit dem ordentlichen Richter vorzuenthalten, da vermag sie denjenigen, den sie der Geisteskrankheit verdächtigt, zu wochenlanger Haft einer Beobachtungsanstalt zu übergeben, ohne dass der Gefangene seinen ordentlichen Richter überhaupt zu sehen bekommt.

Da ist das *geschäftliche* Leben mit seinem Jagen nach Gewinn nicht selten die Ursache des schandbarsten, oft heimlichen Vorgehens, die Ursache von hinterlistigen Verdächtigungen gegen den Konkurrenten. Im *gesellschaftlichen* Leben endlich ist oft ein Mitwisser einer Schandtat, der gefährliche Zeuge eines Verbrechens, zu entfernen und unschädlich zu machen, und schließlich gibt im *Familienleben* Erbschleicherei oder Ehebruch oft Veranlassung, den Ehegatten für geisteskrank erklären zu lassen, um ihn zu verhindern, den Ehebruch aufzudecken, oder über sein Vermögen zum Gewinnentgange des anderen Teiles zu verfügen.

Und wie einfach sind die Mittel hierzu, wie wird deren Wirkung von den herrschenden Anschauungen unterstützt!

Im politischen, im geschäftlichen und gesellschaftlichen Leben braucht nur über diese oder jene Tat der Verdacht geäußert zu werden, dass sie wahnsinnig sei; einige glauben es und erzählen es weiter, andere sagen: »Es ist nicht wahr«, aber die das sagen, hören es immer wieder aufs Neue, die Klatschsucht hat ungeheuerliche Dinge dazugedichtet und eifrig verbreitet, und endlich – »ist es eine alte Geschichte«. Wenn das Feld so vorbereitet ist, braucht nur ein Anlass gesucht zu werden, das Opfer in Zorn zu versetzen, und *dieser Anlass kann sehr gut auch der Vorwurf sein:* »Du bist ein *notorischer Narr.*« Es kommt ein Arzt dazu, er hört die allgemeine Ansicht, ist ohnehin geneigt, jeden unter dem Verdacht der Geisteskrankheit Stehenden auch wirklich für geisteskrank zu halten, schreibt also ein geistreiches Parere und – das Opfer ist gefallen. Wenn es auch nach kürzerer oder längerer Zeit »*als geheilt*« aus der Anstalt entlassen wird, so haftet der Makel ewig an ihm: »Er war einmal in der Irrenanstalt« und – er ist auch für die Zukunft unschädlich geworden. Nur selten gelingt es einem solchen Opfer, dass es gewissenhafte, pflichttreue Ärzte findet, welche den in eine Anstalt ungerechtfertigterweise Untergebrachten »*als gesund*« entlassen; aber was nützt das vor der Welt? Sie kennt diesen Unterschied, den das Irrenrecht macht zwischen dem, der geisteskrank war und »*als geheilt*« gilt und dem, der es nicht war, und demnach »*als gesund*« entlassen wird, nicht, und die üble Lage des Entlassenen ist stets dieselbe, im politischen, geschäftlichen und sozialen Leben wird ihm Misstrauen begegnen.

Ich habe hier einem späteren Kapitel vorgegriffen, um diesen Gedanken in allen seinen Teilen zusammenhängend zu behandeln, und wende mich nun zu den Mitteln, welche sich im *Familienleben* dazu bieten, eine unbequeme Person unschädlich zu machen.

Hier ist es noch weit leichter. Bietet doch das enge Beisammensein im Familienleben tausend Gelegenheiten, dem Verdacht der Geisteskrankheit gegen den Ehegatten oder einen Elternteil auszusprechen. Und hier wird eher geglaubt. »Der eigene Mann, die eigene Frau hat es gesagt!«, heißt es dann, »so wird's doch wahr sein.« Und wiederum sind die unmittelbaren Gelegenheiten nicht schwer herbeizuführen, eine Eifersuchtsszene, eine Anreizung zum Zorn oder ein Gift – und die Sache ist abgetan. Der Strafer ist entfernt und sogar sein Testament ist dann anzufechten, wenn er das ihm zugefügte Unrecht nicht überleben sollte. Meint der beleidigte Ehegatte es noch so gut zu wissen, dass der andere Teil ein Ehebrecher sei, er darf es nicht mehr aussprechen; denn es gilt für einen Wahn. Dazu gesellt sich das »*Mitleid*« des ehebrecherischen Ehegatten gegen sein Opfer, jenes erlogene Mitleid, welches nicht gefühlt und bloß geheuchelt wird, das Mitleid, welches eigentlich keines ist und eine Ursache für sich *erfindet*, die das empfangene Unrecht der zum Opfer gefallenen Person in den Hintergrund drängen oder ganz verheimlichen soll, sodass die Möglichkeit, sich diesem Unrechte zu entwinden, für den Betroffenen umso schwieriger wird, weil der verbrecherische Teil sich noch als liebenden, fürsorglichen Ehegatten darstellt.

Hat die verbrecherische Person die Macht, so ist die unmittelbare Gelegenheit noch einfacher herbeizuführen. Wie sicher wirkt da die *tatsächliche Beschränkung der persönlichen Freiheit*! Der Gefangene, empört über die ihm angetane Gewalttat, tobt und rast und erfüllt dadurch die Hoffnung desjenigen, der ihn für irrsinnig erklären lassen will. Niemand fragt danach, ob der Gefangene auch schon früher getobt und gerast hat; es genügt, dass er es jetzt tut.

Handelt es sich um langer Hand vorbereitete Verbrechen dieser Art, dann kann auch ein anderes Kunststückchen angewendet werden: Es *kann zum Beispiel längere Zeit vorher*, ehe man das eigentliche Opfer treffen will, dessen Kind oder Vater, Mutter, Bruder oder Schwester unter den Verdacht des Irrsinns gestellt werden, um, wenn die Zeit zum eigentlichen Schlage gekommen ist, sagen zu können: »Hier liegt ja eine ererbte Geisteskrankheit vor«; auch kann eine solche verbrecherische Komödie nachträglich inszeniert werden, und dann wird gesagt: »Sehet, wie recht wir hatten, bei denen ist's ja erblich.«

Man halte das alles ja nicht für Übertreibungen; denn ich wiederhole abermals: Der Mangel ordentlicher Irrengerichtshöfe, der Mangel der Verteidigung und der Öffentlichkeit im heutigen Irrenprozess, das soziale Misstrauen, die Interessen und Schwächen der Ärzte und dergleichen mehr machen das alles nicht nur möglich, sie machen es unendlich leicht! Das Prinzip der persönlichen Freiheit ist gefährdet, es wird ungestraft beleidigt!

Ich weiß, man vermag kaum den Gedanken zu fassen, dass solche Zustände im neunzehnten Jahrhundert inmitten der kultivierten Welt herrschen können – sehet näher zu: *Sie herrschen!*

2. Vergebliche Beschwerdeführung

Ich bin bei jenem Kapitel meiner Arbeit angelangt, welcher im Irrenwesen den Gipfelpunkt des Unrechtes bezeichnet, aber auch zuverlässig zuerst die Einsicht in das allgemeine Rechtsbewusstsein tragen wird, dass es *im ganzen Rechtsleben der Gegenwart* keinen einzigen Teilbezirk gibt, in welchem die Willkür so ungestraft walten darf, ja, dass es bereits seit Jahrhunderten kein Rechtsgebiet gegeben hat, welches das Unrecht mehr begünstigt hätte als das heutige Irrenrecht; denn lange schon und überall in Kulturstaaten war es doch, oft allerdings nach mühevollen, jahrelangen Kämpfen, dem unschuldig Verurteilten möglich, sich zu rehabilitieren, oder wenigstens hat es die Nachwelt getan.

Im heutigen Irrenrechte ist das eine wie das andere geradezu unmöglich. Auf keinem Gebiet des Rechtes passen *Jherings*[25] so vortrefflich wie hierher: »Nicht das Ungemach, in das man gerät, ist das Drückende und Verletzende dabei, sondern das bittere Gefühl, dass das gute Recht mit Füßen getreten werden kann, ohne dass es dagegen eine Hilfe gibt.«

Für den unter dem Verdacht der Geisteskrankheit zu einer Freiheitsstrafe und den damit verbundenen üblen Folgen Verurteilten gibt es keine Hilfe: *Jede Beschwerdeerhebung war noch immer erfolglos!*

Oder sollte jemand die Ansicht haben, welche die französische Regierung hatte, als sie sagte, dass von den in einer Reihe von Jahren erhobenen Beschwerden dieser Art alle sich als unbegründet erwiesen haben? Sollte jemand glauben, dass auf dem Gebiete des Irrenrechtes *noch niemals gefehlt wurde*?

Wer wagt es, der denkenden Menschheit diese Unwahrheit glauben zu machen? Gab es nicht zu allen Zeiten Justizmorde dort, wo das Verfahren möglichst gewissenhaft eingerichtet war und gewissenhaft gehandhabt wurde? Sind Menschen nicht fehlbar? Ist die Medizin eine Wissenschaft von unwandelbaren Wahrheiten? *Nein, das Irrenrecht hat*

---

[25] Kampf ums Recht, 6. Aufl., S. 86;

bestimmt eine Menge Opfer gefordert, und das Erschreckliche daran ist eben das, dass kein einziger Fall bekannt ist, in welchem eines dieser Opfer rehabilitiert worden wäre.

Diese Einsicht, so nahe sie liegt, ist durch den Einfluss des ärztlichen Standes lange unterdrückt und mit Erfolg niedergehalten worden, bis endlich *Gambetta* dadurch, dass er die rechtsfreundliche Vertretung eines Opfers des heutigen Irrenrechtes übernahm, alle seine Bemühungen jedoch erfolglos sah, mit seinem in meiner Vorrede skizzierten Gesetzesvorschlage hervortrat. Die für Frankreich so bedeutungsvolle Zeit des Krieges 1870 und 1871 hat dem Entwurfe nicht die Gesetzeskraft verschaffen können, auch war das Feld für die neue Rechtsanschauung nicht genügend vorbereitet gewesen. Nach dem Kriege aber gab es für die Nation so vielerlei zu tun und anzustreben, dass Gambettas Reformvorschlag wenigstens im großen Publikum vergessen wurde. Im Stillen arbeiteten die Ärzte gegen Gambettas Ideen, und so starb der große Mann, ohne diese wichtige Aufgabe seines Lebens erfüllt gesehen zu haben.

Die Beschwerdeführung ist nicht allein stets erfolglos; in den meisten berechtigten Fällen *unterbleibt sie ganz.* Welche Gründe sind es, die den unter dem Titel der Geisteskrankheit ungerechtfertigt seiner Freiheit Beraubten veranlassen, eine Beschwerde überhaupt nicht zu erheben? – 1. die Einschüchterung des Betroffenen, der davor fürchtet, abermals in eine Anstalt gebracht zu werden, was ja nun weit leichter ist, als das erste Mal, weil bloß ein »*Rückfall*« arrangiert zu werden braucht, wozu schon der Umstand sehr behilflich sein kann, *dass man einfach die Meinung der ungerechtfertigten Haft als Wahn hinstellt.* 2. scheut der Betroffene die Augen der Öffentlichkeit auf die Angelegenheit zu lenken, oft *aus Ursachen der dadurch bedrohten Familienehre.* 3. ist der eigentliche Grund zur Beschwerde nach der Entlassung oft nicht mehr vorhanden, die Verhältnisse haben sich geändert, *die Zeit ist ausgleichend und manchmal auch versöhnend darüber hinweggegangen.* 4. endlich hat der Betroffene die Erfolglosigkeit einer Beschwerde deutlich vor Augen; denn er hat ja das femgerichtliche Verfahren des Irrenrechtes an sich erlebt.

Und was macht die Beschwerde, wenn sie wirklich einmal erhoben wird, erfolglos? – *Der Arzt als Richter*! Der Arzt war im ersten Verfahren gegen den Betroffenen Richter, *er wird es nie und nimmermehr zugeben, dass er sich geirrt*, dass er Unrecht gehabt hat. Neue Sachverständige aber werden die *Standesehre wahren* und den Kollegen nicht des Irrtums zeihen, oder im besten Falle ihr Gutachten dahin abgeben, dass der Betroffene heute allerdings gesund sei, *ob er es aber zur Zeit seiner Einbringung in die Anstalt gewesen, sei heute nicht mehr zu konstatieren*. Die vom Gerichte etwa einvernommenen Zeugen können nur solche sein, die schon im ersten Verfahren den damals Verdächtigen belastet haben; denn andere gibt es selten, das Verfahren war ja geheim und die Öffentlichkeit ausgeschlossen.

Zudem gibt es ja kein Gesetz, das auf die Klage desjenigen speziell Rücksicht nehmen würde, der unter dem Verdacht oder dem Vorwand der Geisteskrankheit seiner persönlichen Freiheit ungerechtfertigt beraubt worden ist, und »*keine Klage ohne Gesetz*« sagt Jhering in seinem »Geist des römischen Rechtes[26]«.

3. Die Sanktionierung des Verbrechens

Wer wollte sich nach all dem der Einsicht verschließen, dass das heutige Irrenrecht nicht allein an und für sich ein Unrecht sei, sondern dass es auch der Mittel und Wege für die Straflosigkeit des Verbrechens die Menge bietet.

Die ungerechtfertigte Unterbringung einer Person in ein Irrenhaus oder auch nur eine Beobachtungsanstalt oder psychiatrische Klinik ist schon an und für sich ein Verbrechen der schwersten Art. Es wird jedoch nicht nur dieses Verbrechen durch die heutige Gesetzgebung möglich gemacht, also unterstützt, sondern auch jedem anderen Verbrechen das Mittel gereicht, straflos auszugehen.

Und dies kann geschehen 1. aus Irrtum, 2. aus Absicht, und 3. aus Mitleid oder Rücksicht.

---

[26] 3. Auflage II. 2, S. 666 - 675;

Derjenige, der als unmittelbarer Veranlasser oder als Zeuge eine andere Person aus irgendeiner Ursache, wie sie das politische, geschäftliche, soziale und Familienleben in Menge erzeugt, in eine Anstalt untergebracht oder dazu geholfen hat, ist sicher für dieses Verbrechen an und für sich niemals zur Verantwortung gezogen zu werden; denn jede Beschwerde in dieser Richtung ist erfolglos.

Der Entlassene befindet sich stets in einer Zwangslage, in einer Art moralischer Sklaverei. Der Zustand der Unfreiheit dauert auch nach der Entlassung fort, und, *da stets ein vorhergegangenes Unrecht, gegen welches das Opfer sich zu verteidigen gestrebt hat, die Ursache dazu war, es unschädlich zu machen und es zu verhindern, das erlittene Unrecht an dem Verbrecher zu sühnen*, so wird ein doppeltes Verbrechen zugleich geschützt, das Recht des Opfers doppelt unterdrückt, wir wollen annehmen, immer aus Irrtum der Ärzte und der Gerichte.

Sehen wir zu, wie es sich mit der Entlassung eines ungerechtfertigterweise in eine Anstalt Untergebrachten verhalten kann.

Es war der Widerruf einer »*fixen Idee*«, das Aufgeben des »*Verfolgungswahnes*«, das die Entlassung ermöglichte. Das Opfer musste erklären, *es sei ihm kein Unrecht geschehen, es war ein Wahn, den es jetzt einsehe* – dann erst erschien es geheilt. Diese Erklärung aber bindet den Entlassenen so lange, als nicht irgendein Zufall einmal das ihm zugefügte Unrecht aufdeckt oder andere Rechtsanschauungen zur Herrschaft gelangen. Der Entlassene darf niemals mehr für sein Recht eintreten, niemals mehr das ihm zugefügte Unrecht sühnen wollen; er muss sich das Unrecht, selbst wenn es aufs Neue in Form eines Verbrechens gegen ihn entstünde, gefallen lassen; denn versucht er es, sich dagegen aufzulehnen, dann behauptet man die »fixe Idee«, der »Verfolgungswahn« sei wieder da, ein »Rückfall« sei eingetreten, und seine Freiheit, die er zum Schein gefristet, wird ihm wieder genommen.

Gewöhnlich hüllen sich solche Verbrecher in den Mantel der Menschlichkeit, des Mitleides, ja der Liebe; sie trachten das Opfer zu befreien, wissen sie doch, dass ihm nur der *Widerruf der Anklage gegen sie* die Freiheit geben kann, und dass es ihnen ein zweites Mal leichter ist, es unschädlich zu machen, sollte es ihm nochmals einfallen, die alte Anklage zu erheben.

Wie viele Verbrechen schon würden verhütet worden sein, wenn man nicht eine im ersten Augenblicke unwahrscheinliche Anklage gleich für »Verfolgungswahn« erklärt, wenn man dem Verfolgten mehr geglaubt hätte, als dem Verfolger! Wie viele meuchlerisch hingemordete Opfer haben die Anschläge ihrer Verfolger im Vorhinein gekannt, ohne sie jedoch beweisen zu können, und darum oder aus Rücksicht gegen nahe Verwandte keine Anklage erhoben – sie starben schweigend, wie viele andere sind aber durch die erhobene Anklage zum Opfer des herrschenden Irrenrechtes geworden, und wie viele Verbrecher gingen dadurch straflos aus und haben doch ihre Absicht erfüllt gesehen; denn das Opfer war beseitigt und unschädlich gemacht, ob durch seinen physischen Tod oder den moralischen in einer Irrenanstalt, das blieb sich doch dem Verbrecher gleich.

Ist es nun mit einem solchen Opfer so weit, dass man es wieder entlassen kann, weil es angeblich nicht mehr von der »fixen Idee« beherrscht wird, dann untersuchen die Ärzte die Ursache der vermeintlichen Krankheit, und ist sie nicht auf andere Art zu finden, so wird dem Gefangenen nahe gelegt, *dass er wahrscheinlich zu viel getrunken habe*. Was gibt aber jetzt der arme Gefangene nicht alles zu! – Der bis dahin nüchternste Mensch wird zum *Säufer* gestempelt, nur damit die angebliche Krankheit eine Ursache findet, und er tritt in die Freiheit nicht allein mit dem Makel des überstandenen Irrsinns, aber auch mit dem eines Säufers und mit der Rechtslosigkeit zurück, die eben solch ein bedauernswertes Opfer des heutigen Irrenrechtes sein weiteres Leben hindurch dahinschleppen muss.

Es begegnen sich in all diesen traurigen Folgen der heutigen Rechtsanschauungen Irrtum von Seite der Ärzte und der Polizei, Absicht vonseiten anderer Personen. Aber immer war diese Absicht noch nicht darauf gerichtet, ihr *Opfer wirklich irrsinnig* zu machen, es sollte nur für irrsinnig *gelten* und dadurch unschädlich gemacht werden.

Ist es denn aber im heutigen Irrenrechte unmöglich, jemanden wirklich geisteskrank zu machen, und ist es möglich, einen solchen Verbrecher zu entlarven? Es ist noch keiner entlarvt worden! Muss darum dieses Verbrechen noch nicht begangen worden sein? Wer, der sich nur einigermaßen mit der Toxikologie beschäftigt hat, wollte das glauben? Hunderte von Giften stehen dem Verbrecher zur Verfügung; *der Tod seines Opfers könnte zur Entdeckung führen*, aber wenn es geisteskrank wird, ist er sicher, und darum werden in allen möglichen Formen nach und nach kleine Gaben gereicht, die mit der Zeit eine pathologische Veränderung des Gehirns erzeugen, die jenen einer primären Gehirnkrankheit vollkommen gleich sind. Kein Mensch vermag zu konstatieren, dass die Krankheit auf irgendeine andere Weise, zum Beispiel Syphilis, Typhus, eine traumatische Einwirkung und dergleichen mehr oder durch chronische Vergiftung entstanden sei, und erfolgt früher oder später der Tod, so wird die Obduktion allerdings eine Entartung des Gehirns finden, aber die Ursache derselben niemals feststellen können.

Welche Wichtigkeit hätte also bei jedem Geisteskranken, wo keine Erblichkeit, keine Syphilis, kein Kopftyphus, keine traumatische Einwirkung als Ursache gefunden werden kann, die Untersuchung auf den Umstand, ob hier nicht eine Vergiftung vorliege; ja diese Untersuchung wäre stets und in jedem Falle vor allem andern vorzunehmen.

Es sind noch mancherlei verbrecherische Eventualitäten möglich. Es erkennt zum Beispiel ein Opfer, an welchem sich die wiederholten Gaben von narkotischen Mitteln zu schwach erwiesen haben, die verbrecherische Absicht seiner Umgebung; es fühlt sich krank, ohne Ursache, es hat vielleicht einige Kenntnisse der Toxikologie, ja *der Verbrecher selbst bringt es absichtlich auf den Verdacht*. Nun wäre vielleicht *das zu schüchtern und in zu kleinen* Gaben gereichte Gift allein nicht imstande gewesen, den Bedrohten irrsinnig zu machen, da tritt aber der psychische Affekt, sich solcher

Art verfolgt zu sehen, dazu, und beide Faktoren üben sich ergänzend die vom Verbrecher gewünschte Wirkung.

Ist das auch möglich? Der aufmerksame Leser unserer früheren Kapitel wird daran nicht zweifeln; denn einerseits wird die Energie durch den Genuss narkotischer Mittel sehr herabgestimmt, sodass das arme Opfer den Mut der Anklage nicht mehr findet, andererseits will es auf nahe Verwandte, auf Mann oder Weib oder Kinder Rücksicht üben und dem Schuldigen der Unschuldigen wegen verzeihen, findet aus diesem Zwiespalt keinen Ausweg und gelangt in volle geistige und moralische Verwirrung.

Oder aber, um hier noch einer Möglichkeit zu gedenken, deren Ursache wir bereits besprochen, das Opfer, schon krank durch die chronische Vergiftung, fürchtet von dem Verbrecher des Verfolgungswahnsinns angeklagt zu werden, wenn es sich gegen die Fortsetzung der Vergiftung wehren und schützen will; denn einen dahin ausgesprochenen Verdacht unterstützen ja die durch die Vergiftung hervorgebrachten Symptome gar sehr. Hat nun das Opfer nicht drastische Beweise des Verbrechens – und wie selten ist dies – so gilt, was der Verbrecher sagt: »Die bemitleidenswerte Person sei schon so lange unwohl, habe Schwindel und Kopfweh gehabt, und nun kommt noch dieses Unglück, und sie glaubt, ich wollte sie vergiften, mein Gott, wir essen doch stets zusammen.« Daran denkt niemand, zu fragen, ob der Mann der Frau nicht manchmal einen Leckerbissen nach Hause gebracht, ob das Weib dem Manne nicht eine »bessere« Speise bereitet hat! –

Irrtum und Absicht haben gewiss viele, viele Opfer auf diesem Gebiete gefordert, und in unzähligen Fällen verbürgte Rechte ungestraft beleidigt. Nicht allein die persönliche Freiheit ist gefährdet, alle anderen Rechte auch! Wie oft mag jemand aus sozialen und geschäftlichen, insbesondere jedoch politischen Interessen für irrsinnig erklärt worden sein, nur um bei ihm eine *Hausdurchsuchung* »zu seinem Wohle« veranstalten zu können und das Hausrecht unter dem Vorwand der Fürsorge zu brechen.

Man bedenke nur alles, was wir bereits gesagt: die Ohnmacht des Opfers gegenüber dem heutigen Verfahren, die

Sicherheit des Verbrechers und die Sicherheit der Ärzte und der Polizei, die daraus hervorwachsende Bequemlichkeit der amtlichen Organe; die in der Untersuchung vergrößerte Fahrlässigkeit derselben dadurch, dass sie die Unterbringung in eine Beobachtungsanstalt für bedeutungslos halten, sodass solche Institute oft mit arbeitsscheuen Individuen, mit Simulanten, die ein Asyl suchen, mit Säufern, die sich in der Absicht berauschen, um als Potatoren untergebracht zu werden und endlich mit wehrlosen Opfern dunkler Verbrechen überfüllt sind.

Noch haben wir der Sanktionierung des Verbrechens durch *Mitleid und Rücksicht* zu gedenken.

Das Mitleid mit einer Person, die ein Unrecht getan hat, ist ein krankes und entspringt aus einem kranken Rechtsgefühl; denn dadurch wird demjenigen, welchem das bemitleidete Subjekt bereits ein Unrecht bereitet hat, noch ein neues hinzugefügt, oder wenigstens das erste nicht gesühnt. Das Mitleid mit dem Verbrecher und dem Sünder, jenes Mitleid, welches das Unrecht vor der Strafe schützen zu müssen meint, unterdrückt die Erwägung, dass das geschehene *Unrecht* jemandes *Recht* beleidigt hat, unter Umständen fortdauert und dadurch dringend seine Aufhebung und die Strafe des Verbrechers fordert. Das Mitleid mit dem Dieb schädigt den Bestohlenen, das mit dem Räuber den Beraubten, das mit dem Betrüger den Betrogenen, das mit dem Brandleger den Gebrandschatzten, das mit dem Ehebrecher den beleidigten Ehegatten, das mit dem Drohenden den Bedrohten, das mit dem Verfolger den Verfolgten, das mit dem Beleidiger den Beleidigten.

Wie viele Verbrecher gingen durch das Mittel des heutigen Irrenrechtes und das Mitleid straflos oder wenigstens in Rücksicht auf die Größe des Verbrechens unbedeutend gestraft aus!

Man braucht ja den Verbrecher nur durch Ärzte für irrsinnig erklären zu lassen, das Strafverfahren wird eingestellt, der vielleicht sonst zum Tode oder lebenslänglicher Kerkerhaft verurteilt worden wäre, wird einer Anstalt übergeben und nach einer gewissen Zeit *in aller Stille* »als geheilt« entlassen.

Manchmal wird aber dieses Mitleid bloß *geheuchelt*, es gehört dann in die Kategorie des auf Seite 88 besprochenen.

Es liegt kein Verbrechen, kaum ein Vergehen, ja überhaupt nichts Strafbares vor; eine gerichtliche Untersuchung würde das eklatant dartun, *man will aber die Untersuchung nicht*, man will den Pseudo-Verbrecher auf einige Zeit beseitigen und sagt: »*Da nur die Wahl zwischen Kriminalgericht und Beobachtungsanstalt möglich ist, so ist es doch besser, das Letztere zu wählen*« – und aus »Mitleid« wird das Letztere gewählt, in der Tat aber sind andere Interessen verschiedenster Art die entscheidenden gewesen.

Im gerechten Zorn über ein zugefügtes Unrecht, in der Unmittelbarkeit des Affekts wird aus gekränktem Rechtsgefühl manche Tat gesetzt, die den Anschein des Verbrechens trägt, zum Beispiel, was hier am meisten zu berücksichtigen ist, die »*gefährliche Drohung*«. Sie ist aber kein Verbrechen, wenn sie den Zweck hat, *ein Recht zu wahren, ein Unrecht zu verhüten*. Das jedoch hat nur der Strafrichter zu entscheiden; entweder liegt in der gefährlichen Drohung ein Verbrechen, dann soll die Strafe, oder es liegt keines darin, dann soll der Freispruch erfolgen. Nun erfolgte die »gefährliche Drohung« zum Beispiel von Seite des beleidigten Ehegatten zu dem Zwecke, um die Fortsetzung eines Ehebruches zu verhindern: Da tritt das geheuchelte Mitleid des ehebrecherischen Teiles auf, nicht die gefährliche Drohung will er verfolgen, er will verzeihen, aber die Anzeige ist einmal gemacht, der Pseudo-Verbrecher muss auf die Beobachtungsanstalt und der Ehebrecher hat eine oder mehrere Wochen die vollste Freiheit[27] – er hat des Gatten Ehre beleidigt, hat ein neues Unrecht dazu gefügt und darf ungestraft weiter ehebrecherischer Sünde frönen.

---

[27] In einem mir bekannt gewordenen und auf seine Wahrheit verbürgten Falle fragte sogar der Polizeibeamte den anklagenden Teil, ob er die Überführung des Ehegatten auf die psychiatrische Klinik oder das Strafgericht wünsche; der Ankläger hatte also das Recht zu wählen!

4. Die wirtschaftliche Lage des Gefangenen und Entlassenen

In einem früheren Kapitel habe ich darzutun gesucht, in welch rechtloses Verhältnis derjenige gelangt, der unter dem Verdacht der Geisteskrankheit seiner persönlichen Freiheit beraubt, dem jedoch kein Vormund bestellt wird, sodass er der verantwortliche Verwalter seines Vermögens bleibt, ohne in der Tat auf die Verwaltung desselben irgendwelchen maßgebenden Einfluss nehmen zu können.

Der während seiner Haft Geschädigte hat wohl, so glaubt man, nach seinem Freiwerden das Recht, diejenigen gerichtlich zu belangen, die ihn an seinem Vermögen geschädigt haben. Aber das ist keineswegs leicht; denn er war eben der verantwortliche Verwalter – es wäre also nur im Wege des Strafprozesses eine Genugtuung zu erreichen möglich. Aber auch dem stehen eine Menge Schwierigkeiten entgegen, sodass meines Wissens ein ähnlicher Prozess noch gar nicht vorgekommen ist.

Neben den Ursachen, die wir schon auf Seite 90/91 als die Beschwerdeführung wegen ungerechtfertigter Beschränkung der persönlichen Freiheit unter dem Titel des Irrsinns verhindernd kennengelernt haben, ist hier der Natur der Vermögensschädigung entsprechend noch zu erwähnen, dass die Schädiger gewöhnlich Verwandte sind, gegen die der Beschädigte nicht gerichtlich auftreten mag, und dass wohl der Angeklagte aus solchem Strafprozesse stets straflos ausginge, weil er ja die schöne Verantwortung der besten Absicht in der Regel hat – da wurde eben nur für den armen, bedauernswürdigen Verwandten ausgegeben, man verdiene also Dank, nicht Strafe.

Ist nun der unter dem Vorwand der Geisteskrankheit Verhaftete eine Person, auf der allein das Gelingen oder Gedeihen einer Unternehmung liegt, dann bedeutet die Beschränkung seiner persönlichen Freiheit den Ruin derselben; denn ihre Unternehmertätigkeit ist mit dem Wesen ihrer Unternehmung so innig verbunden, dass sie gar nicht ersetzt werden kann. Es lässt sich eben dem organischen Gebilde einer Unternehmung, deren Haupt die Person des Unternehmers ist, kein anderer Kopf aufsetzen, ohne das Ganze zu töten oder wenigstens ein ganz anderes, wohl selten gewinnbringenderes Gebilde zu gestalten.

Die schwerste wirtschaftliche Schädigung jedoch beginnt für den *Entlassenen*.

Das unentbehrlichste Postulat der Privatwirtschaft und des Unternehmens ist die *volle* persönliche Freiheit. Der aus einem Irrenhaus Entlassene fristet jedoch, wie wir gesehen haben, nur eine *Scheinfreiheit*, welcher überall die Möglichkeit der neuerlichen Beschränkung droht, und unter einer solchen Bedrohung vermag keine Wirtschaft, kein Unternehmen zu gedeihen. Alle die unabtrennlichen Attribute des Unternehmens, insbesondere der Unternehmermut der Unternehmergeist und die Unternehmertätigkeit, oder das persönliche Kapital des Temperaments, des Intellekts und der Körperlichkeit des Unternehmers, sie werden vernichtet oder wenigstens lahmgelegt.

Denken wir nur an die Schwierigkeiten für einen aus der Irrenanstalt Entlassenen, seinen alten Kredit zu erhalten. Sein Personalkredit ist vernichtet, sein Geschäftskredit arg geschädigt; denn es wird der Bestand der Unternehmung in Zweifel gesetzt. Denken wir daran, dass dem Entlassenen eine oft wichtige Grundlage seines Kredits, die *Lebensversicherung*, ganz entzogen wird, weil jede Versicherungsgesellschaft, selbst in der ungerechtfertigten Beschränkung der persönlichen Freiheit, unter dem Titel der Geisteskrankheit ein gefährliches Risiko vermutet.

5. Die soziale Lage des Entlassenen

Die soziale Lage des Entlassenen ist vor allem darum eine so missliche, weil die menschliche Gesellschaft gegen denselben stets ein gewisses Misstrauen hegt, sie ist eine ungerechtfertigt missliche, weil 1. die Gesellschaft niemals prüft, ob die Unterbringung einer Person in eine Anstalt begründet oder unbegründet war, weil 2. niemand einen Unterschied hierin macht, ob die betreffende Person bloß in einer Beobachtungsanstalt oder psychiatrischen Klinik, oder aber in einer Irrenanstalt untergebracht war, wie 3. die Gesellschaft nicht in die Kenntnis gelangt, ob wenn dies der Fall, auch hierin keinen Unterschied macht, ob jemand unter dem Titel »*gesund*« oder als bloß »*geheilt*« entlassen wurde, obgleich man auch auf diese Unterscheidung, als allzu sehr dem Irrtum unterworfen, kein großes Gewicht legen darf; weil endlich 4. die Missgunst, die Konkurrenz, der Neid oder irgendein Interesse die missliche Lage des Betroffenen durch falsche Gerüchte, deren Urheber unfassbar sind, weil sie sich in den Mantel des Mitleides und des Wohlwollens zu hüllen pflegen, vergrößern.

Das Misstrauen gegen den Entlassenen schon macht es demselben schwer oder ganz unmöglich, in seiner alten Lebensstellung auszuhalten; auf jedem Gebiete der Arbeit findet er Hemmnisse, die er nicht hinwegzuräumen vermag, weil sie sich ihm nicht fassbar entgegenstellen: Sie werden ihm heimlich bereitet, ihr Grund wird ihm nie gesagt, nur andere nennen ihn, und dieser Grund ist oft ein erfundener oder übertriebener, zu dessen Entkräftung der Betroffene niemals Gelegenheit findet. Sucht er nun in einem neuen Kreise eine Betätigung seiner Kräfte, auf einem neuen Felde Arbeit, eine neue Lebensstellung, so begleitet ihn das Misstrauen auch dahin, und nur selten bei besonders energischen Naturen ist der Kampf, den er gegen dieses Misstrauen führen muss, von Erfolg begleitet. Nur wenn er es über sich bringt, die Gesellschaft, die ihn mit scheuen Augen betrachtet, nicht zu meiden, im Gegenteil, den lebhaften Verkehr trotz aller Unannehmlichkeiten mit ihr zu suchen, und so schrittweise und langsam einem nach dem anderen stillschweigend, aber durch die Tat Vertrauen einzuflößen vermag, dann schwindet wenigstens in einem gewissen Kreise das Vorurteil gegen ihn.

Wie wenigen aber ist dies gegönnt? Wie wenige besitzen die Kraft zu solch aufreibendem Kampf, wie wenige auch die materiellen Mittel, die er fordert!

Hat nun erst der Entlassene Feinde, steht er einem fremden Interesse in irgendeiner Richtung und, wenn auch nur durch seine bloße Existenz, hinderlich entgegen, dann wird an seinem Untergange ununterbrochen gearbeitet; oft taucht nach Jahren das alte Gerücht wieder aufs Neue auf, um ihn in irgendeiner Bestrebung lahmzulegen. Und wie verschieden können diese Interessen sein, die falsche, entstellte, vergrößerte Gerüchte der immer klatschbereiten Menge überliefern! Wenn schon das politische, das soziale und geschäftliche Leben hierin große Gefahren zu bereiten vermag, so sind doch die aus dem Schoße der *Familie* hervorgehenden Anklagen und Beschuldigungen die gefährlichsten, weil sie den meisten Glauben finden.

Die Verleumdung, dieses überall wuchernde Unkraut der menschlichen Gesellschaft, findet hier den schönsten, üppigsten Boden, und wenn schon sonst die Mittel, die jemand zu einem selbstischen Zwecke wählt, nicht immer anständig sind, so glaubt man gegen den Entlassenen vollständig rücksichtslos sein zu können, und man täuscht sich auch nicht; denn das allgemeine Vorurteil ist einmal geneigt, über solch ein armes Opfer des heutigen Irrenrechtes alles sonst Unglaubliche für glaubwürdig zu finden. Anonyme Briefe, mitleidig hingeworfene Bemerkungen, ein vielsagendes Lächeln und so weiter, alles übt da die erwünschte Wirkung.

Durch all dies jedoch wird das öffentliche Misstrauen gegen solche, die einmal der Geisteskrankheit verdächtig waren, immer mehr gesteigert und genährt.

Jedes Recht einer solchen bedauernswürdigen Person ist gefährdet, auf keinem Gebiete ihres persönlichen Wirkens ist sie gesichert; unter der Anklage der überstandenen Geisteskrankheit ist es möglich, sie überall zu schädigen.

6. Gesundheitsschädigung

Was ich in diesem Kapitel sagen will, dem ist, wie wir auch früher gesehen, im Vorhinein schon vonseiten der Ärzte, insbesondere der neueren Schule der Psychiater, den sogenannten Somatikern, widersprochen, darum widersprochen, *damit der Vorwurf niemals entstehen könne, dass jemand durch die ungerechtfertigte Beschränkung seiner persönlichen Freiheit unter dem Verdacht oder Vorwand der Geisteskrankheit seine geistige Gesundheit verloren und wirklich geisteskrank geworden ist.* Wer nicht schon krank ist, so behauptet diese Schule, kann durch psychische Affekte allein nicht krank werden, und es wurde die vor dem menschlichen Verstande ganz unhaltbare Theorie der Paranoia erfunden.

Ich will an einem sehr bekannten Beispiel beweisen, dass diese durch nichts erwiesene Behauptung der Somatiker durchaus unwahr ist. Kaiserin *Charlotte*, die Gattin Kaisers Maximilian I. von Mexiko, ist bekanntlich nach der Katastrophe, die das junge, von Napoleon III. verratene Kaiserreich traf und welche mit der Hinrichtung Maximilians am 19. Juni 1867 endete, irrsinnig geworden. Charlotte ist eine belgische Prinzessin, und es gibt in der belgischen Königsfamilie keinen ähnlichen Fall, und auch von mütterlicher Seite ist an eine Erblichkeit nicht zu denken; denn ihre Mutter war Louise, Königs Ludwig Philipp von Orleans Tochter. Da auch keine anderen *somatischen* Gründe für die Geisteskrankheit Charlottes auffindbar sind, so ist der zwingenden Annahme gar nicht auszuweichen, dass der große psychische Affekt, welchen die Hinrichtung ihres Gatten hervorrufen musste, die direkte und *alleinige* Ursache ihrer Geistesstörung war.

Übrigens fand ja auch unter den Irrenärzten jene Theorie der Somatiker keinen allgemeinen Anklang, es gibt ja auch unter ihnen Menschen, welche die Wahrheit höher stellen, als das Interesse des Standes. Einer derselben ist gewiss Hermann Klencke, der sich wenigstens in der Art der Behandlung nicht auf Seite der Somatiker stellt. Wenn doch nur diese Letzteren der Tatsache näher treten möchten, dass so zahlreiche Irrenärzte gemütskrank sind und die Ursachen derselben erforschen: Kein anderer Grund ist da, als dass der schrecklichste aller Unglücksfälle, der Irrsinn, wenn er immer und immer wieder vor die Augen tritt, gerade auf den besseren Menschen einen überwältigenden und nagenden Eindruck hervorbringen muss. Diesen Eindruck nun empfängt auch der gesunde Laie in der Anstalt, in welcher er das furchtbarste Schicksal unter der Sonne an anderen kennengelernt. –

Ich will nun in einfach logischer Weise auch mit *somatischen Gründen beweisen, dass der psychische Affekt und ganz besonders der, welcher durch die ungerechtfertigte Beschränkung der persönlichen Freiheit unter dem Vorwand des Irrsinns erzeugt wird, naturgemäß unter gewissen Umständen, die jedoch mit der Erfindung der Paranoia ganz und gar nichts zu tun haben, zur Geisteskrankheit führen kann und führt.*

Der Verdächtige lernt, wie aus allen Wolken gefallen, plötzlich die Rechtslosigkeit eines Rechtsgebietes kennen, dem er, wie die meisten Menschen, seine Aufmerksamkeit niemals zuzuwenden Gelegenheit gehabt hat. Überrascht und erstaunt, erschrocken oder im edlen Zorn entbrannt – je nach Charakter und Temperament, nach Erziehung und Bildung, sieht er sich vor ein Femgericht gestellt, welches keinem seiner Worte glaubt, vor dessen Anklage er sich nicht verteidigen darf, das ihm gar kein Recht einräumt. Die Aufregung muss riesengroß ansteigen. Die Energie muss erlahmen, um vielleicht nach dem Schlafe der ersten Nacht wieder ihre alte Kraft zu finden, wenn nicht schon da die allzu große Aufregung den Schlaf überhaupt verscheucht. Dann aber sieht sich der Verdächtige vor den ernsten Gesichtern der Ärzte, die jedes seiner Worte kopfschüttelnd abwägen, und er sieht an sich alle möglichen Proben und Untersuchungen vollziehen. Er weiß, dass geheime Zeugen einvernommen werden, an die alle möglichen und unmöglichen Fragen gestellt werden, jeder Schritt, jede Unternehmung des Verdächtigen die er in seiner Freiheit getan, wird mit Misstrauen erwogen, und so nach den Aussagen dieser Zeugen oft Dinge für unvernünftig bezeichnet, die mit dem Charakter, der Bildung, den Fachkenntnissen, dem Streben der Person vollständig übereinstimmen. *Und diesen Zeugen wird er nicht gegenübergestellt, sie dürfen sagen, was sie wollen!*

Kann sich nun der Verdächtige in die Lage finden, in die er sich gekommen sieht, hat er Beobachtungsgabe und Schlussvermögen, Menschenkenntnis genug, *um die Schwächen seiner Ärzte zu erkennen*, vermag er es zu überwinden, sich durch einige Tage wirklich krank zu stellen, um dann den Genesenen, *den durch die Kunst seiner Ärzte Genesenen*, zu spielen, vermag er es, sich über den künstlichen

Anreiz zum Zorn, *der in einigen Untersuchungsproben liegt*, hinwegzusetzen, geht er auf den Gedankengang der Ärzte ein, *gibt er allenfalls auch die von den Ärzten gefundene Ursache seiner vermeintlichen Krankheit zu, die in den meisten ungerechtfertigten Fällen der eingebildete Alkoholgenuss sein wird*: Dann kann es ihm gelingen, seine baldige Entlassung zu bewerkstelligen.

Kann er aber dies alles nicht, dann wird er sich im vergeblichen Widerstand verzehren, seine Aufregung wird ihm den Schlaf, den Appetit rauben, die Ernährung wird leiden, und die Schwächung des Körpers, die ohnmächtige Wut, die auch als Tobsucht[28] auftreten kann, wenn sich der Anreiz zum Zorn ob des fürchterlichen Unrechts öfter wiederholt, wird auch seine geistigen Kräfte schwächen, und schrittweise wird er der Umnachtung seines Geistes anheimfallen; denn solche starken psychischen Affekte veranlassen durch die Innervation eine chemische Veränderung des Blutes und diese wieder hindert die normale Ernährung der Nervenzentren.

Ist es aber dem Verdächtigen glücklich gelungen, entlassen zu werden, tritt er hinaus in die Freiheit und das soziale Leben mit dem Vorsatze, sich seine Genugtuung für das empfangene Unrecht zu verschaffen, dann muss er sehr bald einsehen, dass diese neue Freiheit nur eine Scheinfreiheit ist, dass die menschliche Gesellschaft ihn in die alten Verhältnisse nicht mehr aufnimmt, dass seine Stellung zu ihr eine ganz andere geworden ist. Und jetzt wird es allerdings

---

[28] Die Tobsucht entsteht nur in seltenen akuten Fällen, insbesondere nach traumatischen und toxischen Einwirkungen, dann bei gewissen chronischen Gehirnerkrankungen im Todeskampfe unmittelbar, gewöhnlich jedoch mittelbar durch ein Vorgehen, welches humane und vernünftige Grundsätze verbieten, durch Reizen, Einsperren, Drohungen und Gewalt, oft gerade durch Untersuchungsproben, die den ruhigsten Menschen aus dem Häuschen bringen können; es wird nämlich dem Armen die Hoffnung gegeben, dass er »morgen« entlassen wird – in der Tat aber will man nur erfahren, ob er sich über eine solche Täuschung sehr aufregt! Das wird zwei-, dreimal wiederholt!

länger dauern, bis er demselben Schicksal verfällt, wie derjenige, der nicht die Kraft hatte, sich seine Freiheit wieder zu verschaffen; aber er wird nichtsdestoweniger in den meisten Fällen den Kampf um die herrschenden Vorurteile vergebens aufnehmen. Dieser erfolglose Kampf, diese sich täglich wiederholende Aufregung, die Angst, dass sich die Willkür seiner Freiheitsberauber wiederholen und leichter wiederholen kann, weil nun der Titel gegeben ist, der einfach »*Rückfall*« heißt, werden alle anderen Lebensinteressen in den Hintergrund schieben und ihn schließlich dennoch in den geistigen Abgrund schleudern. Und *somatisch* sind die Ursachen, denn Schlaf und Ernährung sind fast aufgehoben, die Innervation immer größer geworden. Und dazu kommen dann die medizinischen Gewaltmittel, wie Morphium und Chloralhydrat, durch welche die Qual des Opfers auf Augenblicke gebannt wird, um jene pathologischen Veränderungen des Gehirns zu erzeugen, deren wir früher gedacht. Das Opfer wird endlich durch den Tod erlöst, die Obduktion weist die Entartung des Gehirns nach und die Ärzte sagen: »Wir hatten doch recht.« Sie selbst aber waren es, die das Opfer gemordet haben, die durch sie erzeugten Aufregungen und ihre medizinischen Gewaltmittel *haben den früher Gesunden krank*gemacht.

Oder der Entlassene wird das, als was er sich ausgeben musste, Säufer; wie viele andere führen schließlich auch ihn Kummer und Sorge dem Säuferwahnsinn in die Arme.

Immer jedoch werden Ursache und Wirkung durch die Autorität des ärztlichen Ausspruchs der Art verwechselt, dass die Wahrheit Unrecht, der Arzt recht behält.

Es male sich jeder Leser die Lage eines Opfers des heutigen Irrenrechtes selber aus. Kann er sich etwas Fürchterlicheres denken? Was sind die Qualen einer unbefriedigten Leidenschaft, was Nahrungssorgen, was die Pein der Schande gegen die unaufhörliche Seelenangst, welche sich des wegen angeblicher Geisteskrankheit ungerechtfertigt Verhafteten in der Gesellschaft von menschlichen Ruinen, aus denen die seelenlosen Augen der niedrigsten Tiergattungen glotzen, oder welche den *Entlassenen* nach dem erfolglosen, ermattenden Kampfe, den er zu führen gezwungen war, vor der Möglichkeit erfasst, wirklich das zu werden, für was er einst mit Unrecht galt – *geistestot!* Schrecklicher denn alle Schrecken des Krieges, fürchterlicher als alle Todespein, kurz, der schrecklichste der Schrecken ist dieser Zustand. – Der eine erträgt ihn länger, der andere kürzer, der an und für sich Nervenschwache unterliegt ihm sogar in ganz kurzer Zeit – und daraus wurde ein Beweis für die Paranoia gemacht!

Mit all dem sei freilich nicht die Behauptung aufgestellt, dass Geistesanstrengungen, kleinliche Sorgen, ja selbst gewöhnlicher Lebenskummer allein oder ohne Anlage der Person zur Geisteskrankheit führen könne; denn wäre dies der Fall, dann müssten wenigstens 90 % der Menschheit geisteskrank sein; denn, wem ist Kummer ganz erspart, wie viele sind ihm chronisch unterworfen? Wie viele kämpfen ihr Leben lang mit Nahrungssorgen, wie vielen ist die intensive geistige Anstrengung Tagesarbeit? Und dennoch bleiben sie alle geistig gesund. Die Lage der angeblich Geisteskranken oder des Entlassenen, der den Vorwurf des überstandenen Irrsinns durchs Leben schleppen muss, ist eben eine ganz andere. Während die geistige Anstrengung die *Schaffensfreude*, jede Art von Kummer und Sorge die *aufrichtende Hoffnung* auf ein Besserwerden begleitet, ist die Lage des Pseudoirren unter den heutigen Rechtszuständen gerade durch die *niederdrückendste Hoffnungslosigkeit* erzeugt.

Das eben behandelte Kapitel schließt die fürchterlichsten Folgen des heutigen Irrenrechtes in sich; sollte es nicht möglich sein, sie durch eine weise, das heißt gerechte, Gesetzgebung zu bannen? Wer kann sich der Einsicht verschließen, dass diese Folgen zu verhindern der hervorragendste Grundsatz eines neuen Irrenrechtes werden muss, dem sich alle anderen wie immer gearteten Rücksichten unterordnen müssen?

7. Der Selbstmord

Weniger ergreifend ist diese oft eintretende Folge einer ungerechtfertigten Beschränkung der persönlichen Freiheit unter dem Vorwand der Geisteskrankheit und der schrecklichen Lage des Entlassenen.

Ich hätte des Selbstmords schon dort gedenken sollen, wo ich von den Veranlassungen zur Beschränkung der persönlichen Freiheit unter dem Verdacht der Geisteskrankheit sprach. Ich glaube jedoch, den Gegenstand hier besser und im Zusammenhange aller darauf bezüglichen Momente behandeln zu können.

Der Selbstmord wird für eine Folge der Geistesverirrung gehalten! Wie verkehrt! Es gibt Selbstmorde, die im Gegenteil den Entschluss einer starken Seele bekunden, wo es gilt, eine unheilbare Krankheit durch den sowieso unausbleiblichen Tod zu beenden, einer Schande auszuweichen und dergleichen mehr.

Nun aber frage ich, durch welch untrügliches Mittel will man in die Kenntnis gelangen, dass sich jemand mit der Absicht trägt, seinem Leben ein gewaltsames Ende zu bereiten? Seine selbst ausgesprochenen Worte sind ein solches Mittel gewiss nicht; denn derjenige, der diesen Entschluss hegt, wird in den meisten Fällen denselben sorgsam zu verheimlichen bestrebt sein. Auch die schriftliche Aufzeichnung einer solchen Absicht ist, wie das Beispiel ab Seite 84 beweist, überaus trügerisch.

Wie oft besinnt sich der Selbstmordkandidat in letzter Stunde eines Besseren und nimmt den Kampf ums Dasein oder ums Recht, den er feige aufgeben wollte, abermals mit neuem Mute auf? Wie oft stürzt plötzlich das Schicksal die Gründe, die jemanden zum Selbstmord getrieben haben, im letzten Augenblicke über den Haufen und ebnet ihm den Weg zu neuem, freudigem Leben?

Aber wenn der Selbstmord auch wirklich ein Symptom der Geisteskrankheit wäre, so darf das doch niemals rechtlich anerkannt werden, wie es nicht anerkannt werden darf, dass, wer sich mit dem Plan trägt, jemanden anderen zu ermorden, schon ein Mörder sei – und doch ist das Letztere schlimmer und gefährlicher, sodass der *Versuch* eines Mordes gestraft werden kann, niemals aber der Versuch eines Selbstmords, weil es die einfachste juridische Erwägung verbietet, den Versuch einer Tat bestrafen zu wollen, die an und für sich nicht strafbar sein kann. Was nun aber unter dem Strafgesetze nicht einer Strafe unterliegt, kann noch viel weniger unter dem Irrenrechte einer Strafe ausgesetzt werden, zudem einer Strafe, die so fürchterlich ist, wie die, welche wir im vorigen Kapitel kennengelernt haben.

Gerade der Versuch eines Selbstmords jedoch wird als ein untrügliches Zeichen einer Geisteskrankheit angesehen und die Erwägung gänzlich unterdrückt, dass ein solcher Versuch in den meisten Fällen nur eine Komödie ist; denn die sichere, unfehlbare Ausführung des Selbstmords ist doch so leicht, dass, wem es ernst damit ist, es bei einem Versuch nicht wird bewenden lassen, sondern auf eine sichere Weise seinem Leben ein Ende macht.

Die weitaus größere Mehrzahl der Selbstmörder ist gewiss nicht geisteskrank gewesen, wenn man auch dagegen einwendet, dass man in dem Gehirn der Selbstmörder pathologische Veränderungen, und zwar in der Regel von gleicher Art vorgefunden hat. Vor allem hat man diese Veränderungen *nicht bei allen* Selbstmördern gefunden, *auch bei solchen nicht, die sich in Irrenanstalten entleibt haben*, und dann – was beweist das? Wer vermag zu konstatieren, ob die pathologischen Veränderungen des Gehirns *Ursache* oder *Wirkung* des Selbstmords waren? Sind sie auch schon im lebenden Körper vorhanden gewesen? Sind sie nicht durch den letzten mächtigen psychischen Sturm, der dem Entschlusse des Selbstmords notwendigerweise vorhergehen und eine Entmischung des Blutes, wie der Biss der Klapperschlange oder die Blausäure, herbeiführen musste, entstanden, *also eine Folge des Selbstmords*? Sind die pathologischen Veränderungen des Gehirns bei Selbstmördern durch Gift nicht verursacht durch die toxische Wirkung, die erst mit dem Todesgrund, dem Mittel, zugleich in den Körper trat?

Eines aber ist gewiss, und das ist das, *dass ungezählte Opfer des heutigen Irrenrechtes zu Selbstmördern geworden sind, dass ungezählte Menschen, die ungerechtfertigterweise in Irrenanstalten untergebracht wurden, es vorgezogen haben, ihrem Leben ein Ende zu machen, als es unter dem fürchterlichen Fluch der angedichteten Geisteskrankheit weiterzuführen, dass viele andere gegen die qualvollen Folgen aller Art ihrer ungerechtfertigten Unterbringung in einem Irrenhause den Tod freiwillig eingetauscht haben.* Es ist gewiss, dass Tausende eines natürlichen Todes gestorben wären, wenn man sie nicht fälschlich der Geisteskrankheit beschuldigt und sie ihres höchsten Gutes, der persönlichen Freiheit, beraubt hätte (vergl. S. 57).

8. Öffentliche Nachteile

Es ist bekannt, dass der Ruf nach neuen Irrenanstalten immer und immer wieder und überall sich aufs Neue erhebt, dass die vorhandenen Anstalten zu klein und dass es ihrer zu wenige gäbe, obgleich man fast in jeder größeren Stadt eine und mehrere, in jeder Provinz mindestens eine findet.

In Deutschland trifft ein Geisteskranker auf 400 Einwohner, in Preußen auf 448, in England auf 401, in Frankreich auf 444, in der Schweiz auf 200,[29] davon befindet sich in Preußen nur einer von 2.400 Einwohnern, in Bayern von 1.800, in Baden von 1.500, in Sachsen von 1.000, in der Schweiz von 800, in Hamburg von 500 in einer Irrenanstalt.

Nach diesen Zahlen wären allerdings viel zu wenige Irrenanstalten. Wir fragen nun aber, ist ein solches Missverhältnis überhaupt denkbar, ist es möglich, dass zum Beispiel in Preußen von *fünf* Geisteskranken nur einer in einer Irrenanstalt untergebracht ist? Was machte man denn mit den übrigen *Vieren*? Man ließ sie einfach im Vollgenusse ihrer Freiheit, und warum? *Weil sie nicht gefährlich sind* und nicht darum, weil kein Platz da ist; denn wären sie gefährlich, dann hätte der Platz unter allen Umständen geschaffen werden müssen.

---

[29] Protokolle der Justizkommission des deutschen Reiches betr. die Zivilprozessordnung, S. 301;

Die großen Zahlen, welche die deutsche Reichskommission nicht zur Revision des Irrenrechtes, sondern zu der Zivilprozessordnung als statistische Daten gesammelt hat, gelten also vor allem nicht *für gefährliche Geisteskranke*, wie sie zum Beispiel das englische Recht sehr genau unterscheidet, sondern für Geisteskranke überhaupt. Wenn man nun aber bedenkt, dass kein Unterschied zwischen geisteskrank und gehirn- und nervenkrank heutzutage gemacht wird, so stehen wir vor der Tatsache, dass unter diesen Verhältniszahlen neben wahren Geisteskranken auch viele oder wenigstens einige Gehirn- und Nervenkranke, die nicht geisteskrank sind, eingerechnet werden; wenn man weiters bedenkt, dass einige Gehirnkrankheiten, wie zum Beispiel die Meningitis cerebrospinalis[30] epidemisch auftreten, dass *andere epidemische* Krankheiten, wie zum Beispiel die Gesichtsrose, entzündliche Reizungen des Gehirns mit Delirien im Gefolge haben und dass bei Epidemien stets größere Zahlen in Betracht kommen, so wird man den richtigen Schluss ziehen, dass *mindestens* ein Drittel der eingerechneten Zahlen auf Kranke entfällt, die kein Mensch geisteskrank nennen kann.

Wären diese Zahlen richtig, dann müsste es in Deutschland eine Armee von 113.000, in England von 87.950, in Frankreich von 85.000, in der Schweiz endlich von 14.240 Geisteskranken geben.

Die Verschiedenheit in den Verhältniszahlen der als geisteskrank Geltenden ist überdies so groß, zum Beispiel in Preußen ¼ %, in der Schweiz ½ % der Bevölkerung, dass man hierin den sichersten Beweis findet, *wie verschieden die Auffassungen des Begriffes geisteskrank sind*. Da ist eben oft alles mitgezählt, was nicht mitgezählt werden sollte, so *Nervöse*, dann in den Alpenländern die *Trotteln*, welche statistisch getrennt geführt werden sollten, weil es ganz ungefährliche Menschen sind und darum dem Menschengeschlechte gegenüber keine Verschuldung in sich tragen; da

---

[30] Genickstarre, Epidemie vom Jahre 1886 in Wiener-Neustadt. Genickstarre der Kinder, Epidemie März 1887 in Ziegenhals (Österr. Schlesien);

ist die große Menge der sogenannten *Potatoren* mit inbegriffen, die nach statistischen Ausweisen nicht weniger als 30 % der Geisteskranken ausmachen.

Zieht man dies alles in Anbetracht, dann muss man zu dem Schlusse kommen, dass die wirklich, das heißt, nach der Gerechtigkeit als geisteskrank Anzusehenden, bereits überall in den Irrenhäusern untergebracht sind, ja dass noch ein guter Teil darunter ist, der nicht hineingehört. Der Ruf nach Irrenanstalten und deren Vergrößerung geht von den Irrenärzten aus, um Plätze für ihre Schüler und jüngeren Kollegen zu finden, und unter diesem Bestreben werden auch die statistischen Daten, die ich vorhin angeführt habe, entstanden sein.

Es ist ja ohne Zweifel die Errichtung neuer, die Vergrößerung und Verbesserung alter Irrenanstalten anzustreben, aber nicht darum, weil die bestehenden Institute im Verhältnis zur Zahl derjenigen, welche rechtlicherweise dahin zu kommen hätten, überfüllt sind, was nicht wahr ist, sondern darum, weil man für die Untergebrachten bessere Verhältnisse schaffen und jene Postulate, welche ärztliche und andere Menschenfreunde, wie *Schlager* in Wien und andere an die Behandlung Geisteskranker stellen, erfüllen soll.

Die Irrenhäuser sollen ein Asyl derjenigen sein, die wirklich geisteskrank sind und für die der *Aufenthalt darin keine Qual, sondern eine Linderung ihres Zustandes bedeutet*. Mit welchem Material sind aber die Irrenhäuser, insbesondere die Beobachtungsanstalten und psychiatrischen Kliniken angefüllt? Zuerst mit *Potatoren* der mittellosen Bevölkerung, welche die Polizei im einfachsten Verfahren und anstatt sie einige Stunden ausschlafen zu lassen, an solche Institute abgibt, wo sie wochenlang aus öffentlichen Mitteln erhalten werden, dann mit *Simulanten*, welche ohne Subsistenz für die raue Jahreszeit ein *Heim* suchen und so ebenfalls dem Staate, dem Lande oder der Kommune zur Last fallen, endlich mit Simulanten, die eine strafbare Handlung begangen und die Freiheitsstrafe im Irrenhause der im Kriminal vorziehen, weil sie eine frühere Entlassung hoffen, schließlich mit *Opfern* des heutigen Irrenrechtes, die aus

Irrtum oder *Absicht* oder *Mitleid* dem schrecklichen Los der ungerechtfertigten Beschränkung der persönlichen Freiheit unter dem Verdacht der Geisteskrankheit anheimgefallen sind. Nehmen wir noch die Zahl derer, die aus eingebildeter Geisteskrankheit freiwillig in eine Anstalt eintreten, *so bleibt für jene, die nach Fug und Recht allein Bewohner öffentlicher Irrenanstalten werden sollten, nur sehr wenig Platz übrig.* Die weitaus größere Anzahl fällt den öffentlichen Mitteln ungerechtfertigterweise zur Last und schädigt so die Öffentlichkeit einerseits, diejenigen, welche wirklich Anspruch darauf hätten, untergebracht zu werden, andererseits.

Aber alle diejenigen, die auf öffentliche Kosten kürzere oder längere Zeit Irrenanstalten und verwandte Institute bewohnen, sind auch Arbeitskräfte, die der Volkswirtschaft entzogen werden. Rechnen wir *nur die Hälfte der überhaupt Untergebrachten* auf die Mittellosen, so haben wir deren zum Beispiel in Preußen, wo von je 2.400 Einwohnern einer in einer Irrenanstalt lebt, das ansehnliche Arbeitsregiment von 5.683 Personen. Rechnen wir hiervon abermals bloß die Hälfte als solche Individuen an, die nicht in Irrenanstalten gehören, und wir haben zum Beispiel in Preußen die Zahl von 2.841 Menschen, welche auf öffentliche Kosten leben und ebenso ungerechtfertigt ihre Kräfte der Volkswirtschaft entziehen. Aber diese Berechnung ist noch nicht richtig, sie greift zu niedrig; denn einmal gibt es der Mittellosen, die in Irrenanstalten untergebracht sind, naturgemäß weit mehr als die Hälfte, und dann sind in die statistischen Daten nicht überall die Bewohner auch der Beobachtungsanstalten und psychiatrischen Kliniken einbezogen.

Welche Gefahr sind solche arbeitsscheue, aber *gesunde Elemente* in Irrenanstalten für den Staat! Welch schöne Gelegenheit zum Aussinnen von verbrecherischen Plänen, zu Verschwörungen gegen die bestehende soziale Ordnung und dergleichen mehr ist ihnen dort geboten! Man kann sich hierzu keinen sichereren Ort denken. Es ist doch gar so leicht, Bewohner eines Irreninstitutes zu werden, es ist auch mehreren leicht, in *eine* Anstalt zu kommen, um Pläne verbrecherischer Art zur Reife zu bringen, die Rollen zu verteilen etc. Wäre ein ordentliches Verfahren gegen des Irrsinns Verdächtige da, müsste jeder Einzelne vor einem Irrengerichtshofe Rede und Antwort stehen, dann wäre diese Gefahr der Irrenhäuser für die Gesellschaft beseitigt.

Aber, höre ich einwenden, es sind ja derartige Fälle noch gar nicht vorgekommen! Vorgekommen sind sie gewiss, *nur bekannt geworden sind sie nicht*, und das ist leicht erklärlich. Wenn ein Verbrecher, der schon einmal in einer Irrenanstalt war, in die Hände des Gerichtes fällt, so wandert er eben im kurzen Verfahren in die Anstalt zurück, und keine Zeitung bringt in ihrem »Gerichtssaal« den Fall zur öffentlichen Kenntnis.

Man weiß aber, dass in bewegten politischen Zeiten, Revolutionen, Bürgerkriegen und Straßenkämpfen die Bewohner von Irrenanstalten gar oft eine Rolle gespielt haben. Dass dies die wahren Geisteskranken nicht waren, sondern die Simulanten verschiedenster Art, arbeitsscheue Potatoren und unschuldige Opfer des Irrenrechtes, liegt auf der Hand.

9. Schädigung des Rechtsgefühls

Jeder meiner Leser hat die tiefste Überzeugung gewonnen, dass die heutige Gesetzgebung und das heutige Verfahren auf dem Gebiete des Irrenwesens, das Rechtsgefühl in hohem Grade verletzen.

Es möge uns an dieser Stelle abermals *Jhering*[31] seine Worte ergänzend leihen: »Meines Wissens gibt es keinen anderen Affekt – als das verletzte Rechtsgefühl – der so plötzlich eine so gewaltige Umwandlung im Menschen hervorzurufen vermag; denn es ist bekannt, dass gerade die mildesten, die versöhnlichsten Naturen dadurch in einen Zustand der Leidenschaft versetzt werden können, der ihnen sonst völlig fremd ist – ein Beweis, dass sie in dem Edelsten, das sie in sich tragen, in ihrem innersten Mark getroffen sind. Es ist das Phänomen des Gewitters in der moralischen

---

[31] Kampf ums Recht, 6. Aufl., S. 14;

Welt: erhaben, majestätisch in seinen Formen, durch die Plötzlichkeit, Unmittelbarkeit, Heftigkeit seines Ausbruchs, durch das orkanartige, elementare, alles vergessende und alles vor sich niederwerfende Walten der sittlichen Kraft; und wiederum versöhnend und erhebend zugleich durch seine Impulse und seine Wirkungen – eine moralische Luftreinigung für das Subjekt, wie für die Welt. *Aber freilich, wenn die beschränkte Kraft des Subjektes sich bricht an Einrichtungen, die der Willkür den Halt gewähren, den sie dem Rechte versagen,* dann schlägt der Sturm auf den Urheber selbst zurück, und es harrt seiner entweder das Los des Verbrechers aus verletztem Rechtsgefühl, von dem ich nachher sprechen werde, oder das nicht minder tragische, an dem Stachel, den das machtlos erlittene Unrecht in seinem Herzen zurückgelassen, sich moralisch zu verbluten und den Glauben an das Recht zu verlieren.«

Im heutigen Irrenrechte ist es die absolute und relative Ungerechtigkeit und insbesondere die Schädigung des Strafrechtes, welche das Rechtsgefühl des Einzelnen und dadurch das der Allgemeinheit tief verletzten müssen.

Wie arg das Strafrecht geschädigt wird, wie nach zwei Richtungen hin, und zwar durch den Schutz des Verbrechens einerseits und die Unterdrückung des Verfolgungsrechtes des Opfers eines Unrechtes andererseits das Strafrecht durch das bestehende Irrenrecht vollständig problematisch gemacht wird, haben wir bereits gesehen. Wir haben auch von der absoluten und relativen Ungerechtigkeit der heutigen Zustände auf diesem Gebiete gesprochen. Die *absolute* Ungerechtigkeit derselben liegt in der ungerechtfertigten Beschränkung der persönlichen Freiheit des Einzelnen und in all den fürchterlichen Folgen, die ihn treffen, die *relative* in der Ungleichheit des Verfahrens, der Anschauungsweise, der Behandlung und dadurch auch der Folgen, von denen der eine schwerer, der andere leichter getroffen wird.

Ich erlaube mir wieder ein Beispiel. Der Hausknecht einer Likörfabrik in einer Provinzstadt kam in einer Nacht an die Tür des Fabrikanten, weckte denselben aus dem Schlafe und teilte ihm mit, dass alle Fässer im Magazin rinnen; man nahm die Schlüssel und eilte nach dem Magazin – aber schon unterwegs meinte der Hausknecht, dass er sich doch getäuscht haben mag. Man fand im Magazin alles in Ordnung, nicht so aber am nächsten Morgen den Geist des Hausknechts, und man überführte ihn nach dem Spital; nach drei Tagen wurde er wieder entlassen und befindet sich seither vollkommen wohl. Wäre der Mann vermögend gewesen, so wäre er ins Irrenhaus gekommen und, wer weiß wie lange, dort behalten, ja vielleicht dadurch wirklich irrsinnig geworden; wäre dies in einer größeren Stadt geschehen, wo es eine Beobachtungsanstalt oder psychiatrische Klinik gibt, so hätte er dort mindestens so viele Wochen, als er in dem kleinstädtischen Spital Tage zugebracht hat, zubringen müssen.

Eine relative Ungerechtigkeit liegt entschieden auch in der verschiedenen Auffassung des Begriffes Geisteskrankheit; so zählt man, wie wir gesehen, in Preußen ¼ %, in der Schweiz gerade doppelt so viel, ½ % der Bevölkerung zu den Geisteskranken. Wer also in Preußen noch als gesund, gilt in der Schweiz als krank, und, um zu unserem Beispiele zurückzukehren, wer in der Kleinstadt noch nicht für geisteskrank gehalten wird, wäre es schon in der Großstadt; der Mittellose hat einen weiteren Weg als der Vermögende, bis er als irrsinnig angesehen wird.

Wie sieht das Verhältnis aus zwischen dem der Geisteskrankheit und dem eines Verbrechens Angeklagten? Schon die Anklage wegen eines Verbrechens ist schwieriger. Man kann nicht so leicht in die Lage kommen, als Verbrecher, denn als Geisteskranker angeklagt zu werden. Vor der Anklage wegen eines Verbrechens kann man sich dadurch schützen, dass man kein Verbrechen begeht; vor der Anklage wegen Geisteskrankheit schützt uns nichts und ist sie einmal erhoben, dann betrachten uns selbst unsere gerechtesten Freunde mit dem Misstrauen unserer Tage; niemandem fällt es ein, als Verteidiger aufzutreten, niemand denkt daran, dass hier oder dort doch ein Irrtum oder eine böse Absicht vorliegen könne. Der Verbrecher ist tausendmal besser dran; denn immer wird ihn die eine oder andere

Stimme verteidigen, und glaubt man, dass er unschuldig seiner Freiheit beraubt wurde, dann entsteht ihm sofort eine tausendköpfige Verteidigermenge und alle Zeitungen treten für ihn ein.

Wie schwer liegt diese Ungerechtigkeit oft als Folge einer ungerechtfertigten Unterbringung in eine Anstalt auf dem Leben eines Betroffenen. Er, der vielleicht berufen ist, auf irgendeinem Gebiete der Wissenschaft, der Kunst, der Technik Großes zu leisten, der seine Umgebung hoch überragt an Wissen, Talent oder Können, wird von ihr mit Achselzucken behandelt; jeder Ignorant, jeder beschränkte, hausbackene Protz meint nun, ungestraft sich über den Unglücklichen, um dessen Geist er ihn heimlich beneidet, erheben zu können, der vertrottelte Herrschaftsbub, der versauerte Philister glaubt ihm zeigen zu müssen, »ich bin gescheiter als du«!

Wir haben gesehen, dass eine Beschwerde eines unter dem Verdacht oder dem Vorwand der Geisteskrankheit seiner persönlichen Freiheit Beraubten stets erfolglos, seine Rehabilitierung unmöglich ist. Wie verbittert muss der Arme werden. Lassen wir wieder *Jhering*[32] sprechen: »Wenn ich meinerseits diesen Schatten – Michael Kohlhaas –[33] heraufbeschworen habe, so geschah es, um an einem ergreifenden Beispiele zu zeigen, welcher Abweg gerade dem kräftigen und ideal angelegten Rechtsgefühl in Verhältnissen droht, wo die Unvollkommenheit der Rechtseinrichtungen ihm seine Befriedigung versagt. *Da wird der Kampf für das Gesetz zu einem Kampf gegen das Gesetz*«, und der für irrsinnig galt oder gilt, ohne es zu sein, und sein gutes Recht nicht finden kann, das ihn rehabilitiert, rächt sich nun an den Menschen, die ihm sein Recht nahmen, geistig gesund genannt zu werden, dadurch, dass er zum Verbrecher wird und nun sein Opfer selbst erwählt zur Sühne des ihm angetanen Unrechtes.

Wir schließn dieses Kapitel und diesen ganzen Abschnitt dieses Buches mit einigen Zitaten aus dem hervorragends-

---

[32] Kampf ums Recht, 6. Aufl., S. 63;
[33] Novelle von Heinrich Kleist (Berlin, 1873);

ten aller rechtsphilosophischen Werke, dem Büchlein *Jherings* »Der Kampf ums Recht«, um durch den Mund des gefeierten Gelehrten den Beweis zu erbringen, dass unser heutiges Irrenrecht, wie wir es in den vorliegenden Blättern einer gewissenhaften und rücksichtslosen Kritik zu unterziehen bemüht waren, *auch eine Gefahr für den geordneten Bestand der Staaten sei*. Denn »in dem gesunden, kräftigen Rechtsgefühl jedes Einzelnen besitzt der Staat die ergiebigste Quelle seiner eigenen Kraft, die sicherste Garantie seines eigenen Bestehens nach innen und nach außen«[34] und »der Kämpfer um das Staatsrecht und Völkerrecht ist kein anderer als der ums Privatrecht; dieselben Eigenschaften, die er in den Verhältnissen des Letzteren sich aneignet, begleiten ihn auch in den Kampf um die bürgerliche Freiheit und gegen den äußeren Feind – was gesät ist im Privatrecht, trägt seine Früchte im Staatsrecht und Völkerrecht. In den Niederungen des Privatrechtes, in den kleinen und kleinsten Verhältnissen des Lebens muss tropfenweise sich jene Kraft sammeln, sich jenes moralische Kapital anhäufen, dessen der Staat bedarf, um für seine Zwecke im Großen damit operieren zu können. Das Privatrecht, nicht das Staatsrecht ist die wahre Schule der politischen Erziehung der Völker und will man wissen, wie ein Volk erforderlichenfalls seine politischen Rechte und seine völkerrechtliche Stellung verteidigen wird, so sehe man zu, wie das einzelne Mitglied im Privatleben sein eigenes Recht behauptet.«[35] Und »darum Festigkeit, Klarheit, Bestimmtheit des materiellen Rechtes, Beseitigung aller Sätze, *an denen ein gesundes Rechtsgefühl Anstoß nehmen muss, in allen Sphären des Rechtes, nicht bloß des Privatrechts, sondern auch der Polizei, der Verwaltung, der Finanzgesetzgebung, Unabhängigkeit der Gerichte, möglichste Vervollkommnung der prozessualischen Einrichtungen* – das ist ein sicherer Weg zur Hebung der Kraft des Staates«.[36]

Im Irrenrechte bleibt noch alles zu tun.

---

[34] Kampf ums Recht, 6. Aufl., S. 69;
[35] Kampf ums Recht, 6. Aufl., S. 66;
[36] Kampf ums Recht, 6. Aufl., S. 71;

System

– Denn man soll mir noch erst beweisen, dass es irgendein Gebiet des Rechtes gibt, auf dem die Idee der Gerechtigkeit sich nicht in ihrem vollen Umfange verwirklichen dürfe, die Idee der Gerechtigkeit aber ist unzertrennlich von der Durchführung des Gesichtspunktes der Verschuldung.

Rudolf Jhering

Das geistige Durchdringen aller Verhältnisse, ein gesundes Rechtsgefühl und der moralische Besitz voller Gerechtigkeit sind die notwendigen Faktoren, welche auf jedem Rechtsgebiete das Gerechte, το διχαιον, zu erkennen vermögen.

Unsere erschöpfende Kritik des heutigen Irrenrechtes hat wohl alle Verhältnisse, die in dieses Rechtsgebiet fallen, berücksichtigt. Ein gesundes Rechtsgefühl und den Besitz voller Gerechtigkeit will ich bei jedem unparteiischen Leser voraussetzen, und ich gehe kaum fehl mit der Behauptung, dass dieser auch dort, wo ich in meinem Systeme etwas übersehen sollte, durch diese erstmalige Anregung selber das Gerechte zu vervollständigen in seinem eigenen Gedankengange bestrebt sein wird.

Meine kritischen Ausführungen sind integrierende Teile des Systems, und wenn ein späterer Schriftsteller in einer Zeit, da von den Gesichtspunkten dieses Systems keine Kritik mehr geübt zu werden braucht, aufgrund eines bestehenden positiven Gesetzes ein System des Irrenrechtes zu schreiben unternehmen sollte, so wird er nicht vermeiden dürfen, in dasselbe alle Punkte unserer Kritik zur Begründung des neuen Rechtssystems aufzunehmen. Ich aber kann mich kürzer fassen, denn meine Leser nehmen die kritischen Ausführungen in die systematischen mit hinüber.

Durch das Rechtssystem, wie ich es in den folgenden Blättern niederzulegen gedenke, wird das Irrenwesen der Hauptsache nach aus einer Verwaltungsangelegenheit zu einem Stücke des öffentlichen Rechtes. Der Natur des Gegenstandes nach kann und darf jedoch nicht das ganze Irrenwesen aus den Händen der Staatsverwaltung gezogen werden, und wird insbesondere die ökonomische und finanzielle Seite dieses bisherigen Verwaltungszweiges auch fernerhin im Wirkungskreise der Regierungen verbleiben müssen. Die darauf bezüglichen Verordnungen, Anstalts-Reglements und dergleichen mehr im Geiste eines neuen Irrenrechtes zu erlassen und zu handhaben, ist immer noch keine kleine und gewiss verdienstvolle Arbeit.

Wo also scheinbar in dem Gebäude unseres Rechtssystems eine Lücke gelassen ist, da hat die Verwaltung einzutreten.

Was nun die prozessualen Momente anbelangt, so soll die moderne Strafprozessordnung in den einzelnen Staaten darum als Grundlage gelten, damit der Einführung eines gerechten Irrenprozesses nicht ungewohnte und fremde Formen entgegenstehen.

Wenn das Irrenrecht nach den Grundsätzen, die wir in diesem Buche niederlegen, irgendwo Gesetzeskraft erlangt, dann – dessen bin ich gewiss – wird sich auch der ärztliche Stand unter der neuen Ordnung der Dinge wohler und zufriedener fühlen; *denn die Bürde einer großen moralischen Verantwortlichkeit wird ihm abgenommen sein.* In einem Wirkungskreise zu schaffen, wo feste Ordnung herrscht, da ist die Pflichterfüllung von Freude begleitet. Wo aber, wie im heutigen Irrenrechte, dem Irrtum, der bösen Absicht und allen Leidenschaften des Menschen ein großer Spielraum gegeben ist, da kann derjenige, der es ehrlich und aufrichtig mit den Aufgaben seines Berufes hält, nimmer die innere Zufriedenheit finden.

Stellung, Teile und Wirkungskreis des Irrenrechtes

Man betrachtete bisher das Irrenrecht als einen Teil des *Privatrechtes*, und es sind zumeist die bürgerlichen Gesetzbücher, welche Bestimmungen über die gerichtliche Erklärung der Geisteskranken und deren rechtliche Verhältnisse enthalten. Vom Standpunkt des *öffentlichen* Rechts wurde das Irrenwesen nur in einigen Staaten und auch da äußerst unvollendet aufgefasst, weil man eben der Erwägung keinen Raum geben wollte, dass es in einem seiner vorzüglichsten Teile, in dem Schutz der Öffentlichkeit vor dem Geisteskranken zum *Strafrecht* gehöre; denn der Irre wäre ja unschuldig! Nun sind aber zwei Kriterien des Strafrechtes in diesem Teile des Irrenrechtes zweifelsohne enthalten, es ist dies 1.

der *öffentliche Schutz* und 2. die *Strafe* desjenigen, der sich den öffentlichen Interessen gegenüber gefährlich erweist. Das dritte Moment, welches diesen Teil des Irrenrechtes wirklich als dem Strafrecht angehörig dokumentiert, ist die *Verschuldung* des Geisteskranken, nicht in dem Sinne der fremden Schuld gegen einen anderen, sondern in dem der *eigenen* Schuld gegen sich und andere, wie wir später auszuführen Gelegenheit finden werden.

Mit Unrecht wurde das Irrenrecht dem *Privatrecht* beigezählt; denn im ganzen Gebiete desselben gibt es kein *aktives Rechtsmoment*, überall nur Schutz; es findet sich darin keiner der Teile des Privatrechtes, weder ein dingliches, noch ein persönliches oder Vertrags-, noch endlich ein Familienrecht, und das persönliche Moment darin ist dem öffentlichen vollkommen unterzuordnen. Gerade so wie im Strafrecht ist dort, wo ein persönliches Recht wahrgenommen werden kann, *dieses das Recht des Schutzes* vonseiten der Öffentlichkeit. Es lässt sich eben ein Strafrecht ohne Privatrecht nicht denken, weil das Strafrecht eigentlich das Schutzrecht aller anderen Rechte ist.

Und dennoch, wo ist das Moment der *Verschuldung*, welches doch das Strafrecht wie jedes andere Recht fordert? Wo ist das Recht der Wiedervergeltung, welches *Kant*[37] im Strafrechte sieht? –

Was ist Schuld?

Zuerst wirft sich uns die Unterscheidung des Begriffes in der Richtung des Privatrechtes und in der des Strafrechtes auf.

Die Schuld in privatrechtlicher Beziehung ist nach dem starren Begriff des römischen Rechtes (*debitum, aes alienum, nomen*) die Pflicht der Gegenleistung für eine empfangene Leistung, welche in Erwartung auf jene gesetzt wurde. Der römische Schuldner musste dieser Pflicht unter allen Umständen, selbst unter Hintangabe seiner Persönlichkeit nachkommen, und war er zahlungsunfähig, so wurde er Sklave. Dieser Begriff fand mit dem Ausbau der

---

[37] Metapysysische Anfangsgründe der Rechtslehre, S. 191 - 244;

Rechtswissenschaften eine Milderung, und nach der heutigen Anschauung ist die privatrechtliche Schuld bloß die Pflicht der Gegenleistung für eine empfangene Leistung, welche in der Erwartung auf jene gesetzt wurde, wenn deren Erfüllung von Seite des Empfängers möglich ist, ohne dass er dadurch die Bedingungen seines menschenwürdigen Daseins verliert. Schuldenarrest und die Pfändung von Handwerkszeugen sind überall, die der notwendigsten Lebensmittel in Frankreich[38] und Nordamerika[39] und hier sogar auch Grund und Boden unter gewissen Bedingungen[40], in Österreich das notwendige Mobiliar und Vieh aus der betreffenden Rechtsgebarung verschwunden und es werden hierin wohl in Bälde noch neue Fortschritte zu verzeichnen sein.

Die strafrechtliche Schuld (noxa) wurde, wie das öffentliche Recht überhaupt aus dem Naturrecht und dessen späterer Ausbildung, dem Privatrecht, seine Grundsätze holte, auch aus der *privatrechtlichen* Schuld abgeleitet und nicht mit Unrecht im Sinne des Privatrechtes »*Strafe*« genannt: »*Die Schuld (nomen) des Verbrechers ist die Strafe*«: Die Schuld des Verbrechers ist die Gegenleistung für eine verübte verbrecherische Leistung, und diese Gegenleistung ist die Strafe.

Die Schuld des Strafrechtes ist in weiterem Sinne die Ursache eines Unrechts wider Andere (causa), im engeren strafrechtlichen Sinne die absichtliche Verletzung irgendeines Rechtes, sei dieses Recht nun selbst ein öffentliches oder Privatrecht.

Die privatrechtliche Schuld wird zu einer öffentlichen dort, wo das Subjekt von dem Kollektivismus der Öffentlichkeit eine Leistung in der Erwartung einer Gegenleistung empfangen hat; so wird die Steuerzahlung zu einer öffentlichen Schuld. Die privatrechtliche Schuld wird aber auch dann zu einer öffentlichen, wenn die Öffentlichkeit in ihrer

---

[38] Code Napoléon, Art. 592 - 593 und 708 - 710;

[39] Homestead privilege, act of March 3, 1879;

[40] All lands acquired under the provisions of the homestead laws are exempt from liability for debt contracted prior to the issuing of patent therefore (Rev. Stat, 2296; Appendix No. 1);

kollektiven Ordnung von dem Subjekte eine Leistung in der Erwartung auf eine Gegenleistung empfangen hat. Die öffentliche Schuld im Sinne der Steuerzahlung verpflichtet den Staat zur Erfüllung seiner Wohlfahrtszwecke, das ist die Summe seiner Gegenleistungen für die Leistung der Steuerzahlung; *und eine dieser Gegenleistungen ist der Schutz der Rechte seiner Bürger. Somit hätten wir das Prinzip der Verschuldung im Irrenrechte für den Schutz des Bürgers vor der Anklage der Geisteskrankheit einerseits und vor dem Verbrechen, das ihn zum wirklichen Geisteskranken machen will, andererseits gefunden.*

Dieser Teil des Irrenrechtes gehört also dem öffentlichen Rechte an, und insofern der Schutz des Einzelnen durch den Staat vor der Anklage sowohl als dem Verbrechen nicht anders möglich ist, als durch die Androhung der Strafe, zu dem hervorragendsten Teile des öffentlichen Rechtes, zum Strafrechte.

Ob nun auch der Schutz des wirklich Irren aus einer öffentlichen Schuld des Staates herzuleiten ist, mag vielleicht zweifelhaft erscheinen. Wenn man jedoch bedenkt, dass der Staat seine öffentliche Verschuldung nicht nach den einzelnen Gebieten des Rechtes abgrenzen darf, sondern in seiner Gegenleistung die Schaffung der Rechtssicherheit in jeder Richtung liegen muss, und auch der arme Irre noch immer den Anspruch auf Schutz hat, so wird man sich doch der Ansicht hinneigen, dass es auch Sache des Staates sei, für den Schutz des Irren zu sorgen. Mag man nun darüber denken, wie man will, so ist der Staat doch mindestens verpflichtet, die *rechtliche Ordnung* des Schutzes der Irren zu schaffen.

Es gibt nun aber eine öffentliche Schuld, welche nicht den Staat betrifft, und diese ist es, die für den Schutz des Irren herangezogen werden soll, nachdem der Staat die rechtliche Ordnung desselben geschaffen hat.

Die Öffentlichkeit ist nicht nur ein soziales Gebilde des *Kollektivismus*, sondern es gibt in ihr auch eine Ordnung, die aus dem *Individualismus* hervorgeht, in welcher der Einzelne nicht wie im Kollektivismus als bedeutungsloser Teil im Ganzen aufgeht, sondern sein Eigenwesen frei betätigt und seinen Zusammenhang mit der Menschheit selber sucht. Wohl jedes Individuum setzt Leistungen zum Wohle der Gesellschaft in der Erwartung, einst in dieser oder jener Form von ihr eine Gegenleistung zu empfangen. Die Leistungen eines Individuums für die Gesellschaft sind oft nicht als solche erkennbar, niemand aber wird bestreiten, dass jeder Einzelne dadurch, dass er arbeitet, für die Gesellschaft arbeitet und in seinem Innern die Hoffnung lebt, hierfür auch den gebührenden Lohn zu empfangen. Wer also für die Gesellschaft, und sei es auch im allerkleinsten Wirkungskreise, gearbeitet hat und es nicht mehr kann, dem gegenüber ist die Gesellschaft im Sinne der privatrechtlichen Schuld zu einer Gegenleistung verpflichtet, und ein Teil dieses Gebietes der Gegenleistungen ist neben anderen Akten der Wohltätigkeit auch der *Schutz der Irren*.

In dem Sinne der öffentlichen, aus dem Privatrecht abgeleiteten Schuld ist es endlich auch Pflicht des Staates, die Öffentlichkeit vor dem Irren zu schützen und den *gefährlichen Geisteskranken* unschädlich zu machen, indem er als Gegenleistung an die Staatsbürger für deren Sicherheit zu sorgen hat.

Ist hier aber die Verschuldung nicht bloß einseitig, und zwar beim Staate, nicht so bei der Person, welche unschädlich gemacht werden soll, die eine Strafe, und, wie wir im vorigen Abschnitt dieses Buches gesehen haben, eine schwere Strafe erleiden soll? Die Gerechtigkeit erfordert aber, dass niemand gestraft werde ohne Verschuldung.

Wir müssen hier den *strafrechtlichen* Begriff der Schuld in weiterem Sinne (causa) heranziehen; denn dieser wird für den letzten Teil des Irrenrechtes, *die Strafe des Irren*, gelten, während seine engere Bedeutung (noxa) mit dem Kriterium der Absichtlichkeit lediglich vom Strafrechte beansprucht werden darf.

Es gibt nun auch hierin noch einen begrifflichen Unterschied der »*Schuld*« (causa): *die eigene und die fremde Schuld*. Das Strafrecht kann sich nur mit der *fremden Schuld* an einem Unrecht befassen, die *eigene* Schuld beginnt und erlischt in der Persönlichkeit, die sie betrifft; sie kann jedoch auch anderen Subjekten gegenüber zur fremden Schuld werden, wenn sie nicht nur die eigene, sondern auch andere Personen berührt.

Die eigene Schuld des gefährlichen Geisteskranken wohnt ohne Zweifel in ihm, sie ist sein notwendiges Attribut. Die Ursache eines Unrechts wider Andere ist seine, in ihm wohnende eigene und fortwirkende Schuld. Diese eigene Schuld kann allerdings ohne sein tätiges Verschulden entstanden, sie kann ein Teil des unverschuldeten Weltunheils, des unerbittlichen Wollens der Natur sein; nichtsdestoweniger bleibt sie eine Verschuldung gegen Andere, *die Ursache eines Unrechts wider sie.*

Aber diese Auffassung verlangt sofort auch die peinlichste Untersuchung, ob diese Ursache an dem Unrecht, das jemand erlitten hat, wirklich vorhanden ist, diese Auffassung verlangt einen Prozess, welcher den doppelten Anforderungen: 1. dem Schutze der Bürger vor der ungerechten Anklage des Irrsinns und 2. der Untersuchung, ob die Ursache an dem Unrecht, das jemandem andern wirklich widerfuhr, *in der Person des Irren enthalten ist* – vollständig Rechnung trägt.

Wir haben an der Hand des Prinzips der Verschuldung im privatrechtlichen und im Sinne des öffentlichen und hierin insbesondere des Strafrechtes *die Stellung des Irrenrechtes* in den Rechtswissenschaften und *seine Hauptteile* gefunden.

Das Irrenrecht gehört seinem ganzen Gebiete nach dem *öffentlichen Rechte* an.

Seine *Hauptteile* sind: 1. der Schutz des Einzelnen vor dem ungerechten Verdacht, der Anklage und der Verurteilung und den Verbrechen in jeder Form; 2. der Schutz der Geisteskranken in körperlicher, wirtschaftlicher und sozialer Beziehung für jetzt und die Zukunft, und 3. der Schutz öffentlicher Interessen, und zwar das Irrenstrafrecht zum Schutze der Ordnung, Sittlichkeit und Sicherheit der Öffentlichkeit und ihrer Glieder, und das gemeine Strafrecht zum Schutz vor öffentlichen und Privatnachteilen, insoweit sie das Irrenwesen berühren.

Es erübrigt uns nur noch, über den *Wirkungskreis* des Irrenrechtes zu sprechen. Wir denken uns hierbei ein bereits zur Gesetzeskraft gelangtes positives Recht und supponieren diesem Gedanken unseren, im letzten Abschnitt dieses Buches enthaltenen Gesetzentwurf.

Obgleich theoretisch in der Zeit der staatsbürgerlichen Ordnung der Wirkungskreis des Rechtes nur nach zwei Richtungen hin denkbar sein sollte, nach der Richtung der *Zeit* und des *Raumes*, so besteht dennoch noch eine Richtung, welche aus verschiedenen, zum Teile auch wissenschaftlich begründeten Rücksichten auf das Staats- und Völkerrecht die beschränkte Ausdehnung nach *Ständen* auf vielen Rechtsgebieten notwendig macht, sodass die Allgemeingültigkeit eines Gesetzes einige Ausnahmen erleidet. Es sind diese: die *Hoheit* der regierenden Häupter und deren Familien und die *Immunität* der Abgeordneten zu den gesetzgebenden Körpern, die durch das *Staatsrecht*, und die *Exterritorialisierung* der fremdstaatlichen Gesandten, die durch das *Völkerrecht* bedingt ist.

Der neue Standpunkt, den unser Gesetzesentwurf einnimmt, verlangt in vielen Beziehungen eine gewisse Rückwirkungskraft. Die Rechtlosigkeit des Angeklagten, des Gefangenen und Entlassenen darf unter einem neuen Irrenrechte nicht fortdauern. Indem wir unseren späteren Ausführungen vorgreifen, stellen wir die Forderung auf, dass alle neuen Rechtswohltaten auch jenen zugutekommen, die unter dem heutigen Irrenrechte leiden oder gelitten haben. In der Richtung der Zeit also sollen von unserem Gesetzentwurfe auch alle jene betroffen werden, welche vom heutigen Irrenrecht in irgendeiner Weise betroffen worden sind und deren dadurch begründete missliche Lage noch fortdauert. So werden vor allem den unter dem Verdacht oder Vorwand der Geisteskrankheit in Irrenhäusern, Beobachtungsanstalten oder psychiatrischen Kliniken Festgehaltenen, sowohl Vermögens- als auch Personalkuratoren (§ 10) zu bestellen sein. Die Geisteskranken selber oder die Personalkuratoren für dieselben haben das Recht, zu verlangen, vor einen Irrengerichtshof gestellt zu werden. Alle Bestimmungen über die Behandlung der Geisteskranken, ihre Entlassung und ihr Beschwerderecht sollen, insoweit es die Verhältnisse nicht unmöglich machen, von rückwirkender Kraft sein.

In Hinsicht auf den *Raum* des irrenrechtlichen Wirkungskreises stellen wir die Forderung auf, dass im Geiste der Gerechtigkeit und des Völkerrechtes jeder Staat seine Rechtswohltaten nicht allein den eigenen Staatsbürgern, sondern auch allen fremden, in seinen Landen sich aufhaltenden Staatsangehörigen zukommen lasse und bestimme, dass einerseits ein fremder Staatsbürger, der unter der Anklage der Geisteskrankheit steht, nur dann an seinen Heimatstaat ausgeliefert werde, wenn dieser Staat das gleiche positive Irrenrecht besitzt, dass andererseits die Auslieferung des eigenen Staatsbürgers, der sich in einem fremden Staate, wo unser Gesetz keine Rechtsgültigkeit erlangt hat, aufhält und dort über die Anklage der Geisteskrankheit gestellt worden ist, mit allen Mitteln angestrebt werde.

Um endlich von den üblichen staats- und völkerrechtlich gemachten Rechtsausnahmestellungen zu sprechen, so haben wir zuerst der Hoheit der regierenden Häupter und deren Familien zu gedenken. Da sich dieselben auf der Höhe ihrer sozialen Stellung der ungerechtfertigten Beschuldigung der Geisteskrankheit unter gewissen Umständen noch weit mehr ausgesetzt sehen, als die große Menge der Bürger, so erscheint die Forderung gerecht, dass sie gleichfalls und voll den Schutz einer neuen Rechtsauffassung genießen. Ihre Immunität jedoch und die der Abgeordneten zu den gesetzgebenden Körpern soll dadurch geschützt bleiben, dass gegen die Letzteren unter Genehmigung des gesetzgebenden Hauses, dem sie angehören, die Anklage wegen Geisteskrankheit erhoben werden darf. Die Exterritorialisierung endlich der fremdländischen Gesandten sollte im Prinzip keine Änderung erfahren und nur der Staat, dem der Gesandte angehört, das Recht der Anklage haben. –

A. Der Schutz der Gesunden

Die vom Irrenrechte betroffene Person ist keineswegs der Geisteskranke allein. Es können ebenso Gesunde, und zwar sowohl immer gesund Gewesene als auch gesund Gewordene durch das Irrenrecht berührt werden.

Dass die gesund gewordene Person und das Irrenrecht in einer gewissen Beziehung stehen, ist natürlich und notwendig; denn sie wird seine Wohltaten genossen haben und seinem Schutz ein ferneres menschenwürdiges Dasein verdanken.

Dass nun die Zahl der immer gesund Gewesenen, welche dennoch vom Irrenrechte berührt werden, eine nur verschwindend kleine werde, das soll durch unseren Gesetzentwurf gelingen. *Ganz zu vermeiden wird es niemals sein, dass auch Gesunde in den Verdacht der Geisteskrankheit geraten.* Man kommt ja in diesen Verdacht viel leichter als in den Verdacht eines Verbrechens. Aber ganz vermieden muss und soll es werden, dass jemand unschuldig zur Geisteskrankheit *verurteilt* wird; denn das ist schrecklicher als jeder andere Justizmord!

Das ganze Irrenrecht muss darum auf dem Gedanken aufgebaut sein, dass dies hintanzuhalten seine erste und wichtigste Aufgabe ist, gegen welche jede andere in den Hintergrund sinkt. Und wie war es bis heute? Schrecklich! Wie viele unschuldige Opfer mögen dem Irrenrechte verfallen sein? Unzählige! Denn wenn man statistische Zahlen erheben kann, *wie viele unschuldig Verurteilte das auf so hoher Stufe stehende Strafrecht* mit seiner Öffentlichkeit, seinem Rechte der Verteidigung, seinen Geschworenen gefordert, wenn man es notwendig findet, den unschuldigen Opfern der Justiz durch ein Gesetz Entschädigungen in Geld zu bieten: Wie viele mag erst das heutige Irrenrecht mit seiner Rechtslosigkeit und Polizei- und Ärzte-Richterei gefordert haben? –

Der oberste Grundsatz eines neuen Irrenrechtes muss der sein: *Niemand darf unter dem Titel der Geisteskrankheit seiner persönlichen Freiheit willkürlich beraubt werden*; jede verdächtige Person kann demnach erst dann als irrsinnig gelten, wenn sie ein ordentlicher Gerichtshof dafür erklärt hat. Erst mit dieser Vorsicht kann das Irrenrecht in die Nähe der auch nur relativen Rechtssicherheit des Strafrechtes gelange.

Die vom Irrenrechte betroffene gesunde Person werden wir nach folgenden Richtungen zu betrachten haben: 1. deren Schutz vor der ungerechten Verdächtigung und Anklage, 2. vor der ungerechtfertigten Verurteilung und 3. vor dem Verbrechen in jeder Form.

Denn, was droht im Irrenwesen der Person im Allgemeinen? Es ist der ungerechtfertigte Verdacht und die darum ungerechtfertigte Anklage wegen Irrsinns! Es droht ihr noch mehr. Die unschuldige Verurteilung. Ja, noch Schlimmeres. Das Verbrechen, das sie geisteskrank zu machen beabsichtigt oder sonst schädigen will.

1. Schutz vor Verdacht und Anklage

Was alles geeignet ist, eine Person des Irrsinns zu verdächtigen, haben wir gesehen.

Den einfachen und gerechten Schutz gegen alle Eventualitäten, die das Leben mit sich bringt, kann auf jedem Rechtsgebiete nur ein geordnetes Verfahren geben. Im Irrenrechte insbesondere muss es ein peinliches und gewissenhaftes Verfahren sein.

Die beste Prozessordnung jedoch kann wohl vor einem ungerechten Urteil, nicht aber vor einem ungerechten Verdacht schützen.

Und darum müssen wir vorerst der Wahrheit Rechnung tragen, dass die *Ausstreuung von Gerüchten aller Art geeignet ist, den Plan für eine ungerechtfertigte Verdächtigung vorzubereiten*, ja Ärzte, Richter und Geschworene zu beeinflussen, den Betroffenen aber an Gesundheit, Vermögen und Ehre zu schädigen.[41] Wer darum *das Gerücht ausstreut*,

---

[41] *Joseph Victor von Scheffel* erzählt in seinem »Ekkehard«, S. 348: »Die Leute der Burg steckten die Köpfe zusammen und wisperten und führten törichte Reden, als ob die *hundertzüngige Fama auf dem Giebel des Burgdaches gesessen und ihre Lügen ausgestreut hätte.*« Und auf

dass jemand geisteskrank sei, und mag auch der Betroffene in Untersuchung oder Anklage stehen oder aus einer Anstalt entlassen sein, der macht sich des Vergehens gegen die Sicherheit der Gesundheit, des Vermögens und der Ehre schuldig. Ein Wahrheitsbeweis ist unzulässig. Dieser Grundsatz ist nicht neu, er steht auf der Erkenntnis, welche schreckliche Folgen falsche Verdächtigungen insbesondere dieser Art haben; der Evangelist Matthäus schreibt (V, 22): »Wer aber sagt, du Narr, der soll des höllischen Feuers schuldig sein.«

Die Anklage kann sich nur auf einen Verdacht stützen. Wie muss nun jene Person beschaffen sein, die der Verdacht berühren, die also angeklagt und verurteilt werden darf? Es darf niemand verdächtigt werden, der nicht angeklagt und verurteilt werden kann, und wenn jemand verdächtigt oder angeklagt wird, der nicht verurteilt werden konnte, so war der Verdacht und die Anklage eine ungerechte.

Darum ist es notwendig, darzutun, was unter einer geisteskranken Person überhaupt verstanden werden soll. Die Grenze der gesetzlichen Auffassung der Geisteskrankheit muss scharf gezogen sein.

Das, was man gewöhnlich als Narrheiten, als Sonderbarkeiten bezeichnet, darf nicht als Geisteskrankheit angesehen werden. Sonderlinge gab es zu allen Zeiten, sie sind keine Narren, oft Leute, die sich von der Menge unverstanden sehen und zurückziehen; es sind Menschen, die in irgendeiner Richtung die persönlichen Äußerungen ihres Lebens anders leiten und geben als die große Menge der Menschen, die jedoch in der Regel bessere und gerechtere Menschen sind als andere. Und Narrheiten erst hat wohl jeder Mensch einmal

---

welches Gebiet sich diese zischende Schöne mit Vorliebe wendet, und welche Maske sie gebraucht, das sagt er uns S. 340 desselben Werkes, wo er die Worte der Schmähschrift Gunzos wider Ekkehard anführt: »Gerne würde ich Euch ermahnen«, lässt er Gunzo schreiben, »ihm die Hülfe heilender Arzneien angedeihen zu lassen, aber ich fürchte, seine [Ekkehards] Krankheit ist zu tief eingewurzelt.« Auch Gunzo hüllt sich in die christliche Tugend des Mitleides und bezichtigt den weit über ihm stehenden Ekkehard der Geisteskrankheit.

begangen, gewiss ist über jeden einmal gelacht worden. Eine ausgelassene Stunde, ein plötzliches freudiges, wohl auch ein plötzliches trauriges Ereignis hat bei dem und jenem Narrheiten erzeugt. Ein junger Bürger in einer Provinzstadt ließ sich vor Jahren sonntags vormittags, als die Leute aus der Kirche strömten, *auf einer Schubkarre* durch die Straßen und Plätze führen! Es sind darüber zwei Jahrzehnte hinweggegangen und es ist bis heute niemandem eingefallen, den Mann einen Narren zu nennen.

Ein Zeichen der Geisteskrankheit ist der Wahn, der Irrwahn. Was ist Wahn? *Die Verschmelzung der Wirklichkeit mit dem subjektiven Traumleben*, die Unfähigkeit, das Erlebte von dem Geträumten zu unterscheiden, der Einbezug von Träumen in das wirkliche Leben. Wer zu unterscheiden vermag, was er in Wirklichkeit erlebt und was er geträumt hat, ist nicht geisteskrank. Aber wer dies nicht vermag, darf noch nicht schlechthin als geisteskrank gelten.

Im Irrwahn liegt das wichtigste Kriterium der Geisteskrankheit. Da nun nur die einzelne Person in Anbetracht kommen kann, so muss dieser Irrwahn ein *persönlicher* sein, ein eigenartiger, nur der betreffenden Person anhaftender Irrwahn. Er darf kein allgemeiner sein, wie ihn die Seelenideale[42] vieler Völker, Zeiten und Orte erzeugt haben und welcher Hexenglaube, Aberglaube und dergleichen mehr genannt wird.

Wie schwer nun ist durch Menschen ein menschlicher Irrwahn zu erkennen und zu konstatieren? Wie oft haben Zeitgenossen etwas als Irrwahn bezeichnet, was spätere Generationen als menschlichen Fortschritt gepriesen? Man denke noch daran, was unsere Vorfahren von dem gedacht hätten, der da gesagt haben würde: »In hundert Jahren wird man von Paris nach Berlin sprechen können, es wird kaum eine Minute brauchen, um eine Nachricht auf hundert Meilen zu befördern, man wird Konzerte auf hundert Meilen hören können.«

---

[42] Vgl. Kritische Geschichte der Ideale, von Dr. A. Swoboda, (Leipzig 1886);

Ich frage nun, was hätten auch die damaligen Ärzte dazu gesagt?

Auch die Ärzte sind Menschen, sie leben mit uns, sind durchdrungen von den Ansichten und dem Glauben der Zeit auch heute und vielleicht heute mehr, als ehedem.

Der Irrwahn oder das, was dafür gelten soll, darf einem Irrtum, wie er in allen Zeiten möglich ist, dem Irrtum der Zeit eben, nicht unterworfen sein, das heißt von dem Standpunkte des Vorurteils, einer falschen Anschauung der Zeit aus, darf kein Urteil im Irrenrechte beeinflusst sein. Denn das ist gefährlich einerseits und ganz unnötig andererseits. Wem schadet das, was eine Zeit, ein Volk, ein Ort, wenn auch mit Recht, eine »fixe Idee« nennt, wem schadet es, wenn jemand heute den festen Glauben ausspricht, dass es in späteren Tagen der Menschheit gelingen werde, in den Gesteinen des Mondes Gold zu finden?

Der Irrwahn als rechtliches Kriterium der Geisteskrankheit muss also mehr sein als ein bloß persönlicher.

Alles das jedoch, was in den meisten Staaten heute als notwendiges Attribut des Irrwahns bezeichnet wird, ist hinfällig und im höchsten Grade unsicher. Die *somatischen* Anzeichen sind trüglich, weil die körperliche Gehirn- oder Nervenkrankheit noch keine Geisteskrankheit involviert; die psychischen Affekte sind trüglich, weil sie auch bei Gesunden vorkommen. Die Ängstlichkeit und Furchtsamkeit der Kinder und Ungebildeter bis zum Rasendwerden ist bekannt. Da ist Temperament, Erziehung, ja die körperliche Gesundheit von so hohem Einflusse, dass es geradezu ein Verbrechen an und für sich darstellt, darauf ein Gewicht zu legen.

Und was ist doch ein untrüglicher *äußerlicher* Maßstab für den persönlichen Irrwahn, der als Geisteskrankheit gelten darf und soll? Welcher Irrwahn ist es?

Es ist jener persönliche Irrwahn, der die *Gerechtigkeit* verloren hat.

Irrtum und Irrwahn ist zweierlei. Der Irrtum ist begründet und beruht in einem falschen Schluss, der aus wahren Prämissen entsteht, der Irrwahn ist unbegründet. Alexander III. leidet nicht an Verfolgungswahn, wie vor Kurzem behauptet wurde, weil er wirklich verfolgt wird, er ist gleich einem gehetzten Tiere, das nirgends sein Lager in Sicherheit aufschlagen kann; was Wunder also, wenn er oft in den Irrtum verfällt, in jemandem einen Verfolger zu sehen, der keiner ist. Der Grund für diesen Irrtum ist ja da, es ist die tatsächliche Unsicherheit, die wirkliche Verfolgung. Alexander III. mag ja darum doch geisteskrank sein, dann aber leidet er an Größenwahn wie die meisten Despoten. Wer nicht weiß, dass er als Mensch dem Menschen gleich ist, wer nicht im Innersten die goldene Regel empfindet: »Was du nicht willst, dass es dir geschehe, das tue auch einem anderen nicht«, wer sich durch Geburt, Rang und Stellung oder Vermögen im persönlichen Irrwahn als Mensch mehr dünkt als andere, der ist geisteskrank, der ist dem Größenwahn verfallen. Der *Weise ist gerecht*. Das unentbehrlichste Attribut der Weisheit ist die *Gerechtigkeit*. Nur wer Gerechtigkeit übt im Kleinen wie im Großen, im Schützen des Rechtes und vor Unrecht, wie im Strafen des Unrechtes, der ist wahrhaft weise. Und das Gegenteil ist derjenige, der den *Maßstab für Recht und Unrecht verloren* oder nie besessen hat, der das Gute vom Bösen nicht zu unterscheiden vermag[43]; ist derjenige, der Unrecht tut aus persönlichem Irrwahn.

Aber auch damit ist der rechtliche Begriff der Geisteskrankheit noch nicht abgeschlossen.

Der persönliche Irrwahn, der den Maßstab des Guten und Schlechten nicht hat, ist noch nicht immer gefährlich, er ist auch nicht dauernd und schon darum nicht gefährlich. Gefährlich aber muss er sein, soll sich das Irrenrecht mit ihm beschäftigen, das Prinzip der Verschuldung darf ihm nicht fehlen.

Nicht jeder Irrwahn ist dauernd, oft ist er von ganz kurzer Wirkung, wie in hitzigen Krankheiten, als Folge von Giften oder eines psychischen Affektes wie Zorn, Eifersucht, Furcht. Ein solcher Irrwahn, wenn er so genannt werden

---

[43] Das ist die gesetzliche Auffassung der Geisteskrankheit in den Staaten der nordamerikanischen Union.

darf, ist darum ungefährlich, oder wenigstens nie so gefährlich, wie viele verbrecherische Attentate, weil es eben außerhalb des Irrenrechtes genug Mittel gibt, ihm zu begegnen, so durch das Polizei- und das Strafrecht. Hierher gehört auch der *völlig Hilflose,* der, wie jeder andere hilflos Kranke in ein Spital, sei es nun auch ein psychiatrisches, untergebracht werden kann.

Wie vielen ist die *Geistesgegenwart* ein gänzlich unbekanntes Ding, wie viele verlieren sie im Moment der Gefahr. Sie ist eine seltene Eigenschaft und ihr Verlust darf nicht als Zeichen des Irrsinns gelten. Der Verlust der Geistesgegenwart ist jedoch nicht dauernd. Die Gefahren, deren Erkennen und Ermessen hinsichtlich ihrer Größe stets subjektiver Natur ist, sind nicht bloß physischer, sondern auch moralischer Art. Dauert nun die Gefahr als äußere wirkliche Ursache länger, dann dauert auch der Verlust der Geistesgegenwart länger.

Der als Geisteskrankheit geltende Irrwahn muss also nicht allein an und für sich gefährlich sein, er muss auch ein dauernder, und *zwar über die ihn erzeugenden äußeren Ursachen hinaus dauernder* sein.

Doch all dasjenige, was den persönlichen Irrwahn zur wirklichen Geisteskrankheit macht, es kann in einem konkreten Falle nicht gelten, wenn es nicht auch bewiesen worden ist. Ja, der Beweis ist das wichtigste Erfordernis, welches die Gerechtigkeit verlangt, damit jemand als geisteskrank gelten darf. Ohne Beweis kann niemand zu Verbrecher, ohne Beweis kann niemand zum Irren gestempelt werden.

Als geisteskrank kann also – um all unsere Erwägungen zusammenzufassen – nur derjenige gelten, *dem es nachgewiesen worden ist, dass er den Maßstab für Böses und Gutes, für Recht und Unrecht durch persönlichen Irrwahn, der über die ihn erzeugenden Ursachen hinaus dauert, verloren oder nie besessen hat, und dadurch der menschlichen Gesellschaft oder ihren Gliedern gefährlich geworden ist.*

Nur der Verdacht, dass eine solche Geisteskrankheit in einem konkreten Falle vorliege, darf zur Untersuchung und Anklage berechtigen.

Wer nun soll und darf anklagen?

Nur der Staatsanwalt über den begründeten Antrag einer Privat- oder Amtsperson, welcher in schriftlicher Form eingebracht, keinerlei Zweifel über die Person des Verdächtigen und ebenso keinen Zweifel über die Identität der Person des Antragenden, der für den Antrag verantwortlich bleibt, offen lässt.

Personen, welche dem Strafgericht gegenüber die Immunität besitzen, können selber keinen Antrag auf Untersuchung eines der Geisteskrankheit Verdächtigen stellen, weil sie nicht zur Verantwortung hierfür gezogen werden können.

Dem Staatsanwalt muss mit dem Antrag der Heimatschein oder sonst ein die Identität der verdächtigen Person beweisendes Dokument übergeben werden.

Geht der Antrag von einer Privatperson aus, so muss die Unterschrift derselben notariell oder gerichtlich beglaubigt sein; stellt ihn der Gemeindevorstand oder die Polizei, so muss die verantwortliche Person, der Gemeindevorsteher, dessen Stellvertreter oder Beamter oder endlich der Polizeibeamte ausdrücklich genannt und der Amtssiegel beigedruckt sein.

Gegen die antragende Person hat der Verdächtige das Klagerecht wegen Verleumdung, und wenn diese eine Amtsperson ist, das Klagerecht wegen Missbrauchs der Amtsgewalt. Die Anklage wegen Missbrauchs der Amtsgewalt kann auch der Staatsanwalt von Amts wegen erheben, wenn er im weiteren Verfahren hierfür Gründe zu finden glaubt.

Der Staatsanwalt muss über den Antrag bei seinem Gerichte innerhalb 24 Stunden seinerseits den Antrag auf Untersuchung des Geisteszustands des Verdächtigen stellen.

Es bedarf keiner weiteren Ausführung, dass einer rechtskräftigen Anklage eine Untersuchung vorhergehen muss und dieselbe im Irrenrechte weit dringender und wichtiger ist, als im Strafrechte.

Das Gericht bestellt zu einer womöglich sofort, längstens aber binnen 24 Stunden stattfindenden Tagfahrt die im Antrag genannten Zeugen, den Antragenden und drei unbescholtene Gerichtszeugen. Die Zeugen werden über die Verdachtsmomente eidlich einvernommen. Der Richter hat die Glaubwürdigkeit der Zeugen, deren und des Antragenden Unparteilichkeit zu prüfen und insbesondere zu untersuchen, ob nicht der Wunsch vorliegt, den Verdächtigen ungerechtfertigterweise zu beseitigen. Er kann auch andere Zeugen ohne Wissen des Antragenden, jedoch unter Anzeige an den Staatsanwalt, einvernehmen.

Dieser Zustand der Voruntersuchung darf längstens 48 Stunden dauern.

Hält der Richter dann eine weitere Untersuchung für notwendig, so ordnet er auf abermals 24 Stunden eine neue Tagfahrt an, zu welcher der Verdächtige mit einem Rechtsfreunde und einem von diesem oder jenem gewählten Arzte, ferner der Staatsanwalt, ein bestellter Gerichtsarzt und die bereits einvernommenen Zeugen zu erscheinen haben. Der Antragende darf der Tagfahrt nicht beiwohnen, wenn der Richter nicht ausdrücklich anders beschließt. Dieser Beschluss kann nur gefasst werden, wenn die Gefahr der allzu großen Aufregung des Verdächtigen durch den Anblick des Antragenden nicht besteht.

Hat der Verdächtige keinen Rechtsfreund und keinen Arzt mitgebracht, so sind ihm sofort beide von Amts wegen zu bestellen.

Der Antrag ist dem Verdächtigen vorzulesen und seine Erwiderung zu Protokoll zu geben. Die Zeugen sind in seiner Gegenwart nochmals einzuvernehmen; auf jede einzelne Aussage haben er und sein Rechtsfreund das Recht der Erwiderung. Darauf geben die beiden anwesenden Ärzte ihr fachmännisches Gutachten ab, welches der Rechtsfreund zu kritisieren hat.

Stellt der Staatsanwalt den Antrag, dass der Verdächtige in Untersuchungshaft zu nehmen sei, so kann der Richter diesem Antrag nur dann stattgeben, wenn beide Sachverständige gleicher Ansicht über die Gefährlichkeit des Verdächtigen sind. Sollten in einem konkreten Falle die Ärzte nicht gleicher Anschauung hierüber sein, so kann der Richter einen dritten beeideten Gerichtsarzt zu einer neuen Tagfahrt laden, aber auch der Verdächtige oder sein Anwalt einen neuen Arzt vorladen lassen, welchem Begehren immer stattzugeben ist. Nur wenn von den jetzt vorgeladenen vier Ärzten mindestens drei über die Gefährlichkeit des Verdächtigen gleicher Ansicht sind, kann der Richter die Untersuchungshaft verfügen, er kann jedoch den Verdächtigen ebenso gut auf freiem Fuße belassen.

Das ärztliche Parere ist von jenen Ärzten, die den Gesundheitszustand des Verdächtigen wirklich verdächtig halten, schriftlich auszuarbeiten und in allen Fällen in einer gerichtlichen Abschrift an den Rechtsanwalt und den Arzt des Angeklagten behufs der Erwiderung auszufolgen.

Der Richter kann zu jedem Zeitpunkte der Untersuchung das Verfahren gegen den Verdächtigen ganz einstellen, wenn er hierfür Gründe findet.

Gegen alle Beschlüsse des Richters haben beide Teile die Rechtsmittel der Strafprozessordnung.

Die Untersuchung ist eine der wichtigsten Aufgaben des Richters; denn bei nervösen Personen muss ja die Aufregung möglichst vermieden werden. Eine Inhaftierung soll nur dann stattfinden, wenn sie unumgänglich notwendig ist; in zweifelhaften Fällen soll sich der Richter stets vor Augen halten, dass ein Aufenthalt in einer psychiatrischen Anstalt dem Gesunden verhängnisvoll für das ganze Leben werden kann, da bei empfindsamen Naturen eine solche Erinnerung fürchterlich am Lebensmark zehrt. Der Richter soll stets an die Möglichkeit denken, einen Gesunden vor sich zu haben.

Die Untersuchungshaft muss eine milde sein, der Verdächtige darf auf jeden Fall mit seinem Rechtsanwalt und seinem selbst gewählten Arzte unbeschränkt verkehren, darf Briefe schreiben, absenden und empfangen und etwa gewohnte Genüsse, wie Rauchen, Schnupfen, Trinken, Morphium und Arsenik mit gehöriger Vorsicht fortsetzen.

Dem Verdächtigen steht gegen den Richter und jeden beteiligten Arzt die Beschwerde an das Gericht zweiter Instanz offen. Das Obergericht kann den Richter in Disziplinaruntersuchung nehmen, dem Arzt kann seine akademische Würde und das Recht der ärztlichen Praxis entzogen werden, wenn es sich herausstellt, dass jeder oder einer von diesen die ihm zukommende Amtshandlung nicht nach bestem Wissen und Gewissen vorgenommen hat.

2. Schutz vor der ungerechten Verurteilung

Die Untersuchungshaft darf längstens 14 Tage dauern. Nach dieser Zeit ist die inzwischen zu erhebende Anklage rechtskräftig geworden, und sind alle notwendigen Zeugen, die der Staatsanwalt und die der Verdächtige oder sein Anwalt zur Einvernahme beantragen, nebst dem Verdächtigen, seinem Anwalt und Arzt zur Hauptverhandlung vorzuladen. Der vorgeladene Arzt hat in der Verhandlung keine andere als rein ärztliche Stellung, er ist da, um dem Angeklagten bei Unwohlsein, großer Aufregung etc. beizustehen. Ebenso wenig dürfen andere Ärzte in der Hauptverhandlung einvernommen werden.

Wie im Vorverfahren sollen auch bei der Hauptverhandlung die drei Grundprinzipien eines rechtlichen Prozesses zur vollen Anwendung kommen: die Öffentlichkeit, die Verteidigung und der ordentliche Richter.

Soll der Schutz vor der ungerechtfertigten Verurteilung nicht vom problematischen Werte sein, dann muss dem ärztlichen Stande, der ohnehin in der Voruntersuchung eine maßgebende Rolle spielt, jeder Einfluss auf die Hauptverhandlung und die Richter entzogen werden.

Die Hauptverhandlung findet in öffentlicher Sitzung nach den Normen des Strafprozesses statt.

Der Verdächtige und sein Anwalt einerseits und der Staatsanwalt andererseits sind wie im Strafprozess als Parteien zu betrachten.

Dem Angeklagten ist vom Vorsitzenden des Gerichtshofes dreimal verständlich mitzuteilen, dass er auf alles, was gegen ihn gesprochen wird, das Recht der Erwiderung und Entkräftigung habe.

Der Gerichtshof besteht aus vier Richtern mit Einschluss des Vorsitzenden.

Das Verdikt fällen jedoch Geschworene.

Ihre Zahl ist zwölf. Sie werden vom Volke auf die Dauer von einem Jahre gewählt, und zwar so, dass je hundert in der Nachbarschaft wohnende volljährige Männer einen mindestens 30 Jahre alten Geschworenen entsenden. Die Zahl der Geschworenen bei einem Gerichtshofe muss mindestens 36 betragen. Der Staatsanwalt einerseits und der Angeklagte samt dessen Verteidiger andererseits haben das Recht, eine gleiche Anzahl von Geschworenen ohne Angabe von Gründen bis zu der übrig bleibenden Zahl von zwölf Geschworenen abzulehnen.

Die Gründe, warum Geschworene im Irrenprozess die gesetzlichen Richter sein sollen, sind in unserer Kritik des heutigen Rechtszustandes zwar genügend ausgeführt worden, wir wollen aber noch sagen: Der Arzt ist Mensch und der Richter ist Mensch, der Erstere ist überdies nicht gehalten, gerecht zu sein; Weise nun, Gerechte, sind nicht alle Menschen, da nun aber anzunehmen ist, dass unter mehreren Personen sich auch einige Gerechte finden, darum sollen mehrere urteilen. Da jedoch die gelehrten Richter in einem so großen Senat dem Staate zu viel Auslagen bereiten würden, da ferner der gelehrte Richter bei dem der Geisteskrankheit Angeklagten die Untat zu sehr, die psychische Kraft zu wenig würdigen könnten, so soll im Irrenrechte das Volksgericht zur vollen Geltung kommen. Überdies fordert die karitative Schuld der Gesellschaft Geschworene für das Irrenrecht; denn wer innerhalb der durch den Individualismus erzeugten Ordnung der Gesellschaft noch zu arbeiten vermag, und sei es im allerkleinsten Wirkungskreise, der ist ihr nützlich, und gegen den hat sie ihre Schuld dadurch abzutragen, dass sie alle seine Rechte durch die Vertreter der gesellschaftlichen Ordnung des Individualismus, und das sind die Geschworenen, schützt.

Sollte die begründete Befürchtung vorliegen, dass in einem konkreten Falle durch früher ausgestreute böswillige Gerüchte über den Zustand des Angeklagten oder durch andere Mittel die Geschworenen des zuständigen Gerichtes zuungunsten des Angeklagten beeinflusst worden sind, so kann über den Antrag des Angeklagten oder seines Rechtsanwaltes das Obergericht einen anderen Gerichtshof zur Durchführung der Hauptverhandlung delegieren.

Das Verdikt wird in der Art gefällt, dass der Gerichtshof an die Geschworenen die Schuldfrage so stellt, dass alle Kriterien der gesetzlichen Auffassung der Geisteskrankheit in derselben enthalten sind.

Die Geschworenen antworten mit *Ja* oder *Nein*. Sie haben das Recht, einzelne Teile aus der Frage zu eliminieren und dann zu beantworten.

Nur wenn die Schuldfrage mit ¾ der Stimmen bejaht wird, kann der Gerichtshof den Angeklagten als irrsinnig erklären.

Beide Parteien haben das Recht der Nichtigkeitsbeschwerde an den Obersten Gerichtshof, bei dem für Agenden der Irrenrechtssprechung ein eigener Senat zu bestellen ist.

Wenn jemand nach seiner Entlassung »*rückfällig*« und abermals angeklagt wird, so ist dasselbe Verfahren, als ob er das erste Mal angeklagt worden wäre, einzuhalten. Der Umstand, dass der Angeklagte schon einmal für irrsinnig galt, ist vollständig irrelevant und darf, wie im englischen Strafprozess[44], den Geschworenen gar nicht mitgeteilt werden.

3. Schutz vor dem Verbrechen

Wir haben gesehen, dass im Irrenwesen das Verbrechen einen großen und viel Sicherheit gewährenden Raum hat, dass es sich auf diesem Gebiete in den verschiedensten Formen zu betätigen Gelegenheit findet.

Es ist unendlich schwer, jemanden davor zu schützen, dass ihn ein anderer durch die verschiedenartigsten Mittel in die Nacht des geistigen Todes wirklich zu schleudern bestrebt ist. Leichter ist der Schutz dort, wo es sich nur darum handelt, jemanden unter dem Schein der Geisteskrankheit in irgendeinem Rechte zu schädigen. Vor allem muss der Grundsatz zur Geltung kommen, *dass niemand unter dem*

---

[44] Vergl. »Das Volks-Gericht«, Eger 1887, No. 12;

Titel der Geisteskrankheit willkürlich in irgendeinem seiner Rechte geschmälert oder gekränkt werden darf.
Weiters aber sind bei jedem Falle einer Verdächtigung die Ärzte insbesondere auch um die wahrscheinliche Ursache der Geisteskrankheit zu befragen.
Der Richter hat festzustellen, ob eine Erblichkeit vorliege, ob Gicht, Syphilis, Typhus, eine traumatische Einwirkung, geschlechtliche Exzesse, Trunkenheit, psychische Affekte oder toxische Mittel die Ursache der Geisteskrankheit sind, ob eine dieser Ursachen allein, oder mehrere zusammen das Unglück des Verdächtigen herbeigeführt haben. Ergibt sich während der Untersuchung oder der Hauptverhandlung, dass jemand an der Geisteskrankheit des Verdächtigen oder Angeklagten eine absichtliche Schuld trägt, so ist wider den Schuldigen die strafgerichtliche Untersuchung von Amts wegen einzuleiten.
Nachdem jedoch das Strafrecht auf diese gewiss großen Verschuldungen keine gebührende Rücksicht nimmt, so erscheint es notwendig, dasselbe durch Bestimmungen in der Richtung zu ergänzen, dass die gelungene Tat als Mord, die Verleitung und der Versuch hierzu als Verleitung beziehungsweise Versuch dieses Verbrechens anzusehen ist, was darum noch sehr milde Strafbestimmungen sind, weil der geistige Tod etwas weit Schrecklicheres ist, als der leibliche, und weil das leibliche Sterben schmerzlos oder mit kurzen Schmerzen verbunden ist, das geistige jedoch eine lange Zeit der Qual darstellt.
Der Richter hat auch zu untersuchen, oder sich doch immer auch die Möglichkeit vor Augen zu halten, dass der der Geisteskrankheit Angeklagte vielleicht aus Erbschleicherei, um anderer wirtschaftlicher Vorteile willen, damit er den Treubruch nicht strafe, ein Verbrechen nicht verrate, beseitigt werden soll.
Dem Verdächtigen ist zu glauben. Es ist die Pflicht des Richters, auch aus dem von jenem Erzählten Wahrheit und Traum zu sichten, und so den Verfolgenden zu finden; denn es gibt keinen passiven Verfolgungswahn ganz ohne Ursache, nur übertreibt die Einbildung die Gefahr. *Der Verfolgungswahn ist oft erfunden worden, um die Verfolger zu*

schützen. Er oder das, was dafür gehalten wird, soll darum im neuen Irrenrechte insofern eine Bedeutung haben, als man durch ihn gar oft dem Verfolger, dem Verbrecher auf die Spur kommen wird. Überdies liegt im »Verfolgungswahn« selten eine Gefahr für andere, er ist ja gewöhnlich *passiv* und dadurch das gerade Gegenteil des mächtigen *Verfolgungstriebes,* der aktiv wirkt und gefährlich ist, wie nichts anderes.

Man wolle doch auch bedenken, dass es ein subjektives anderes Extrem gibt, als den die Gefahr *vergrößernden* »Verfolgungswahn«, nämlich jene geistige Schwäche, welche die Gefahr *nicht sieht,* das Sicheinwiegen in Sicherheit einer physischen oder moralischen Gefahr gegenüber, die alle anderen sehen. An dieses Extrem hat die Psychiatrie noch nie gedacht, noch nie nahm sie die Unterschätzung oder gar Ignorierung einer Gefahr für das Zeichen einer Geisteskrankheit, wohl aber die Übertreibung einer Gefahr, und doch ist vernunftgemäß gerade das Erstere weit verdächtiger. Denn dass jemand eine Gefahr, die er allein kennt, scheinbar übertreibt, ist ja doch ganz natürlich, er findet doch keinen fremden Schutz, nachdem ihn niemand des Schutzes bedürftig erachtet. Wenn dagegen jemand eine Gefahr nicht sieht, die alle anderen sehen, so ist das nur dann unverdächtig, wenn er sie bloß nicht zu sehen *scheint* und sich tatsächlich auf den Schutz derjenigen verlässt, die mit ihm die Gefahr erkannt haben. –

Es darf nicht mehr geschehen, dass ein strafbares Individuum der Gerechtigkeit entzogen und ein anderes unschuldiges, von dem ersten verfolgtes zu einer kürzeren oder längeren Freiheitsstrafe von materiellen und moralischen Folgen verurteilt wird. Es darf nicht mehr geschehen, dass, selbst wenn der Verfolgte sich zu einem Verzweiflungsakt hinreißen ließ, ihm die Möglichkeit genommen wird, zu beweisen, dass er nur ein Recht verfochten, seine Tat also nicht strafbar war; es muss ihm die Möglichkeit geboten sein, das ihm zugefügte Unrecht, dessen *Folge* seine Tat war, zu sühnen: Dieses Unrecht darf nicht weiter ungestraft fortleben, die Willkür, welche das erstlich beleidigte Subjekt in seinem

Kampfe ums Recht lahmlegte, darf nicht mehr durch das Irrenrecht sanktioniert werden.

Wer darum nach dem neuen Irrenrechte *nicht als geisteskrank erklärt wurde, ist, wenn sonst kein Grund vorhanden, als ein glaubwürdiger Zeuge anzusehen.*

Der Schutz vor dem Verbrechen im Allgemeinen ist, soweit er das Irrenrecht berührt, zugleich der Schutz vor dem Verlust der Freiheit, der Gesundheit, vor wirtschaftlichen Nachteilen, vor dem Verlust der Ehre und anderen persönlichen und politischen Rechten.

Was zuerst im Speziellen den Schutz vor dem Verluste der persönlichen Freiheit anbelangt, so muss das Gesetz auch jene schützen, welche unter dem Titel der *Freiwilligkeit* in eine Anstalt gebracht werden. Der Anstaltsdirektor darf darum niemanden aufnehmen, der ihm nicht vom Gericht unter Beibringung des Beschlusses eines ordentlichen Richters zur Untersuchungshaft oder des Urteils eines ordentlichen Irrengerichtshofes übergeben worden ist, oder endlich der nicht *persönlich in Gegenwart eines Notars um Aufnahme ersucht und die Erklärung abgibt, dass er sich freiwillig aus Gesundheitsrücksichten der Behandlung in dieser Anstalt unterwerfe.* Der Notar hat eine Urkunde hierüber in zwei Exemplaren auszufertigen und mit seinem Amtssiegel zu versehen, das eine Exemplar dem Anstaltsdirektor zu übergeben, das andere dem zuständigen Irrengerichtshofe zu übersenden.

Ein freiwilliger Bewohner einer psychiatrischen Anstalt muss jederzeit auf seinen Wunsch entlassen werden. Eine Zurückhaltung involviert das Verbrechen des Missbrauchs der Amtsgewalt.

Doch darf der Anstaltsdirektor sowohl während des freiwilligen Aufenthaltes einer Person als auch nach ihrer Entlassung an den Staatsanwalt den Antrag stellen, dass gegen sie die Untersuchung wegen Geisteskrankheit zu erheben sei.

In Bezug auf den Schutz der Ehre und anderer Rechte wollen wir noch sagen: Ein von der Anklage der Geisteskrankheit Freigesprochener darf von niemandem deshalb beleidigt werden, niemals darf ihm darum irgendein persönliches, bürgerliches oder politisches Recht entzogen werden. *Insbesondere macht sich jeder, der ihm einen solchen Vorwurf macht, des Vergehens gegen die Sicherheit der Gesundheit, des Vermögens und der Ehre zugleich schuldig*, weil es für den Freigesprochenen gewiss keinen schrecklicheren Vorwurf gibt, und seine Gesundheit durch die Aufregung, seine Wirtschaft durch das öffentliche Misstrauen und dadurch auch seine Ehre geschädigt werden kann. Insbesondere darf ihm auch nicht die freie Verfügung über sein Vermögen genommen werden, wenn er nicht in die Kategorie der *Verschwender* fällt und dann den betreffenden Bestimmungen des bürgerlichen Gesetzes unterliegt.

Insbesondere endlich ist jeder, der einen Antrag auf Untersuchung unter dem Verdacht einer Geisteskrankheit gestellt hat, für die wirtschaftlichen Folgen desselben der betroffenen Person verantwortlich und für den durch seinen Antrag jemandem zugefügten Schaden ersatzpflichtig, wenn sich dieser Antrag als ungerechtfertigt herausstellt.

B. Der Schutz der Kranken

Der Schutz der Geisteskranken wird nach jeder Richtung hin durch die gesetzliche Ordnung ihrer Einbringung, Behandlung und Entlassung und ihrer Stellung nach der Letzteren bewirkt.

Der Bedingungen in Bezug auf die Aufnahme haben wir rücksichtlich der in Untersuchungshaft stehenden, der gesetzlich erklärten und der freiwillig in eine Anstalt tretenden Geisteskranken bereits im vorigen Kapitel gedacht.

Es erübrigt uns noch zu erwägen, ob denn hinsichtlich solcher Irren, welche aus irgendeinem Grunde in häuslicher Pflege gehalten und nicht zur Anzeige des Staatsanwaltes gelangen, die Bestimmungen des vorigen Absatzes nicht vielleicht auf Unzukömmlichkeiten stoßen.

In der Tat sind die Bestimmungen zur Sicherheit der Gesunden geeignet, hie und da einen Irren, für welchen die

Einbringung in eine Anstalt eine Wohltat wäre, der häuslichen Pflege überlassen zu müssen, aber man wolle doch bedenken, dass es wahrlich besser sei, 100 Irren nicht die Wohltat einer fachmännischen Behandlung zukommen zu lassen, als einen einzigen Gesunden ungerechtfertigterweise seiner Freiheit zu berauben.

In etwas jedoch lassen sich die Bestimmungen zur Sicherheit des Gesunden durch auf den Schutz der Kranken gerichtete Verfügungen paralysieren.

Vor allem soll der Armenvater die Pflicht haben, es dem Gemeindevorstand seines Heimatortes anzuzeigen, wenn er der Überzeugung ist, dass ein Unbemittelter geisteskrank geworden ist; der Gemeindevorstand wiederum hat diese Anzeige in gesetzlicher Form an den Staatsanwalt zu leiten. Von dieser Bestimmung werden allerdings nur mittellose Personen getroffen, aber Vermögende bedürfen des Schutzes weit weniger, weil sie gewöhnlich auch in häuslicher Pflege gut behandelt werden.

Die wirksamste Korrektur der vorhergegangenen irrenrechtlichen Bestimmungen jedoch ist die Kodifizierung eines *Rechtes der Hilflosen*.

Der Hilflose ist der Gnade und Ungnade seiner Umgebung vollständig preisgegeben, und obgleich nun nicht alle Hilflosen auch geisteskrank sind, so mag doch das Irrenrecht auch das Recht der Hilflosen im Allgemeinen enthalten. Der Schutz der Hilflosen ist ungemein schwer und kann nur dadurch geleistet werden, dass der Hehler eines einem Hilflosen zugefügten Unrechtes derselben Strafe unterliegt, wie der Vergewaltiger selbst.

Wer immer also von einem Unrechte erfährt, das einem Hilflosen zugefügt worden ist, oder wem gar der Hilflose, mag er nun geisteskrank sein oder nicht, davon Kenntnis gibt, der ist verpflichtet, die Anzeige hiervon an den Staatsanwalt zu leiten. Wenn er dies unterlässt, macht er sich der Mitschuld an dem geschehenen Unrecht schuldig.

Dieses Unrecht kann sehr verschiedener Art sein; es kann die Gesundheit, die Ehre, das Vermögen oder den freien Willen schädigen und auch andere Rechte beleidigen.

Der Hilflose fällt unter das Irrenrecht, ohne geisteskrank erklärt worden zu sein, wenn zwei Ärzte ihn für geisteskrank erklären und der Betroffene von dem Rechte keinen Gebrauch macht, gegen seine Unterbringung in eine Anstalt selber oder durch seinen Verteidiger, der stets, wenn nötig von Amts wegen, zu der gerichtlichen Kommission einzuladen ist, Einsprache zu erheben.

Die Hilflosigkeit kann doppelt sein: die volle körperliche Hilflosigkeit und die volle geistige Hilflosigkeit.

Der körperlich Hilflose darf gegen seinen ausdrücklichen Willen in einer Anstalt nicht untergebracht werden.

Der geistig Hilflose jedoch, der nicht zugleich körperlich völlig hilflos ist, kann durch seine völlige Unzurechnungsfähigkeit der Gesellschaft und ihren Gliedern gefährlich werden, darum ist derselbe, *wenn er gegen seine Unterbringung in eine Anstalt protestiert, im ordentlichen Wege vor einem Irrengerichtshofe der Geisteskrankheit anzuklagen.*

Der in eine Anstalt Aufgenommene jeder Kategorie ist nicht rechtlos geworden. Darum müssen auch seine Rechte nach jeder Richtung hin wahrgenommen werden.

Jedem, der gerichtlich als geisteskrank erklärt worden ist, ebenso jedem unter dem Titel der Hilflosigkeit im kurzen Verfahren in eine Anstalt Untergebrachten, muss ein Personalkurator bestellt werden, welcher der gesetzliche Schützer aller Rechte seines Mündels ist. Er hat insbesondere darüber zu wachen, dass sein Mündel sofort entlassen werde, wenn es gesundet, oder dass der seiner Fürsorge übergebene, in einer Anstalt befindliche Hilflose nicht über die Dauer seines hilflosen Zustandes dortselbst zurückgehalten werde. Er hat den Entlassenen vor etwa neuem Unrechte nach jeder Richtung hin zu schützen.

Außerdem sollen von 14 zu 14 Tagen alle psychiatrischen Anstalten jeder Art von ständigen Kommissionen untersucht werden. Dieselben können über Vorschlag des Anstaltsdirektors, aber auch ohne denselben, bei unbedingter Stimmenmehrheit des Beschlusses, Geisteskranke, die sie für gesund geworden halten, sofort entlassen.

Diese Kommissionen bestehen aus neun Mitgliedern und drei Ersatzmännern, welche Letztere im Verhinderungsfalle eines Mitgliedes vom Obmann einzuberufen sind. Zu diesen Visitationskommissionen entsendet das zuständige Gericht: zwei Ärzte, zwei Advokaten und zwei unbescholtene Bürger, einen Ersatzmann aus dem Stande der Ärzte, einen aus dem der Advokaten und einen aus dem der Bürger. In der Reichshauptstadt ist ein vom Senatspräsidenten ernanntes Mitglied des Irrensenates beim Obersten Gerichtshofe Obmann der Kommission, sonst der Präsident des zuständigen Gerichtes. Überdies sind ein Abgeordneter zum gesetzgebenden Körper und der Staatsanwalt der Kommission beizuziehen.

Die Visitationskommissionen haben alle Rechte der Bewohner einer Anstalt zu schützen, insbesondere die Wünsche und Beschwerden der Geisteskranken entgegenzunehmen und in ihrem Wirkungskreise nach dem Gesetz zu prüfen und zu behandeln, entweder als gerechtfertigt zu berücksichtigen oder als ungerechtfertigt abzulehnen. Dem Wunsche eines Bewohners einer psychiatrischen Anstalt, neuerdings vor einen ordentlichen Irrengerichtshof gestellt zu werden, muss jedoch unbedingt Folge geleistet werden.

1. Der Schutz in körperlicher Beziehung

Auch der Schutz der Kranken in speziell körperlicher Beziehung umfasst die rechtliche Ordnung der Aufnahme, Behandlung und Entlassung derselben.

Wir müssen es der Heilkunde überlassen, die Kunst und Wissenschaft der Psychiatrie zu vervollkommnen. Möge sie von nun an unter der Kritik anderer Wissenschaften ehrlich an ihrem Ausbau arbeiten; möge der ärztliche Stand das somatische Material, auf welches er angewiesen ist, nicht als rechtlose Materie betrachten und in seiner Pflichterfüllung jene Befriedigung finden, welche nur eine ideale Auffassung aller Lebensaufgaben bieten kann. Möge er sich das Wort des österreichischen Abgeordneten Carnieri stets vor Augen halten: »Der schönste Triumph der Menschheit ist die Menschlichkeit.«

Vor allem darf es gesetzlich nicht gestattet sein, Geisteskranken Genüsse zu entziehen, an die ihr Organismus durch längere Zeit hindurch gewöhnt war; denn die Erfahrung lehrt, dass durch plötzliche Einstellung solcher Gewohnheiten die heftigsten Krankheitserscheinungen erzeugt werden. Insbesondere aber sei hier des Alkoholgenusses gedacht.

Der Alkohol hat bereits an der Umbildung unseres Geschlechtes mitgearbeitet. Er hat den Einfluss einer Lebensbedingung auf den menschlichen Körper erworben; denn Generationen haben sich an seinen Genuss gewöhnt und das körperliche Bedürfnis nach demselben ist auf die Nachkommen vererbt worden. Der Alkoholgenuss ist für den Menschen unserer Tage darum ein Lebensbedürfnis geworden, wie für den Afrikaner das heiße, für den Eskimo das kalte Klima, wie für den Seefisch das salzige Meerwasser. Der Fisch des Meeres stirbt im Süßwasser, wenn jedoch die junge Brut in halbsalziges Wasser versetzt wird, dann können deren Nachkommen im Süßwasser leben, und diese dürfen wieder nicht plötzlich ins Meerwasser gebracht werden ohne Gefahr für ihr Leben. Der Alkoholgenuss darf also nur weise und im richtigen Abwägen des Selbstgenusses des betreffenden Individuums und desjenigen seiner Vorfahren auch bei Geisteskranken nur beschränkt, aber niemals ganz aufgehoben werden. Es ist auch durchaus irrig, dem Alkoholgenusse eine so übertrieben hohe Bedeutung als Veranlassung von Geisteskrankheiten beizumessen; denn in Ländern, wo von Generationen viel Alkohol konsumiert wird, kommen nicht mehr Geisteskranke vor, als woanders, wie zum Beispiel in Bayern, wo der Einzelne unglaubliche Mengen von Bier, in Ungarn, Spanien, Frankreich und selbst dem Herzogtum Österreich, wo er unglaubliche Mengen von Wein vertilgt, ganz zu schweigen von jenen Gegenden, wo der Branntwein ein Lebensmittel geworden ist.

Das Reizen der Geisteskranken durch die Wärter oder andere mit jenen in Berührung kommende Personen soll strafbar sein. Es soll mit Entlassung und Arrest bis zu einem Jahr geahndet werden.

Jeder Tobsuchtsanfall eines Kranken ist der nächst stattfindenden Kommissionsvisitation der Anstalt anzuzeigen.

Die Kommission hat mithilfe des Anstaltsdirektors die Ursache zu untersuchen. Erstattet der Anstaltsdirektor die Anzeige nicht, so ist er strafbar und kann im Wiederholungsfalle als für seinen Posten ungeeignet befunden werden.

Die an einem Tobsuchtsanfalle eines Kranken schuldige Person macht sich des Vergehens gegen die Sicherheit des Lebens schuldig und wird nach dem Strafgesetze behandelt.

Die ungerechtfertigte Zurückhaltung einer Person in einer Anstalt involviert dasselbe Vergehen.

Den Kranken ist nach Möglichkeit Gelegenheit zur Arbeit zu geben, welche ihren speziellen Neigungen und Fähigkeiten entspricht. Es ist ihnen jede mögliche Zerstreuung zu gestatten und insbesondere die Hoffnung auf Wiedererlangung der Freiheit nicht zu rauben, jedoch keine Hoffnung zu erwecken, welche enttäuscht werden müsste und dadurch eine Verschlimmerung der Krankheit herbeiführen könnte.

Besitzt der Kranke Vermögen, so ist dasselbe zu seiner Bequemlichkeit, zu seinem materiellen Wohlleben und für geeignete Zerstreuungen zu verwenden.

Wenn der Bewohner einer Anstalt entlassen wird, so ist dafür nach Möglichkeit Vorsorge zu treffen, dass er nicht in Verhältnisse gelangt, die einen Rückfall herbeizuführen geeignet wären; er ist insbesondere nicht solchen Personen auszuliefern, die im Verdacht stehen, ihm feindlich gesinnt zu sein.

2. Der wirtschaftliche Schutz

Jedem Bewohner einer psychiatrischen Anstalt, mit Ausnahme der freiwilligen, soll ein *Vermögenskurator*, jedoch niemals in der Person des Personalkurators, bestellt werden.

Diese Verfügung hat darin ihren Grund, weil selbst der Unbemittelte nicht wirtschaftlich für tot erklärt werden darf, jeder das Anrecht auf Erwerb hat und auch in der Anstalt auf den Erwerb denken darf. Das Vermögen, sei es noch so klein, der Erwerb, sei er noch so gering, ist in jeder Richtung von dem Vermögenskurator zu verwalten; er ist für dessen Verwaltung der Obervormundschaftsbehörde verantwortlich und muss seinem Mündel nach dessen Entlassung vollständig Rechnung legen.

Das Kuratorium, sowohl in Rücksicht auf die Person als auf das Vermögen eines Geisteskranken, erlischt mit dem Augenblicke seines Freiwerdens aus der Anstalt.

Jeder Bewohner einer psychiatrischen Anstalt hat stets das Recht, schreiben, Briefe absenden und empfangen zu dürfen, welche in jeder Beziehung unter dem Schutze des Briefgeheimnisses stehen.

3. Der soziale Schutz

Der soziale Schutz des Geisteskranken kann sich weniger auf seinen Aufenthalt in der Anstalt, als auf die Zeit nach seiner Entlassung beziehen.

Wenn es auch im Interesse der betroffenen Person wünschenswert erscheint, dass auch ihre Unterbringung in eine Anstalt geheim gehalten würde und insbesondere der Presse verboten wäre, davon Mitteilung zu machen, so steht dem das wichtige Moment der öffentlichen Beruhigung und das Prinzip der Öffentlichkeit im Verfahren entgegen. Und so müssen wir im Gegenteil den Wunsch aussprechen, dass *wahrheitsgetreue* Berichte über Verhandlungen der Irrengerichtshöfe in die Öffentlichkeit dringen, nicht so jedoch Mitteilungen aus dem Stande der Untersuchung, weil dieselben, wenn der Verdächtige nicht verurteilt werden würde, seine soziale Stellung erschüttern könnten.

Auch Mitteilungen über den freiwilligen Eintritt einer Person in eine psychiatrische Anstalt, dann über die im kurzen Verfahren beschlossene Unterbringung eines Hilflosen sollen verboten sein.

Insbesondere jedoch müssen der Vorwurf der überstandenen Geisteskrankheit und *falsche* Mitteilungen über Irrengerichtsverhandlungen kräftig hintangehalten werden.

Und darum soll jedermann, der öffentlich oder vor mehreren Leuten davon spricht, dass eine Person freiwillig in eine psychiatrische Anstalt trat, dass eine hilflose Person dahin gebracht wurde, dass jemand wegen Geisteskrankheit in

Untersuchung stehe, oder endlich sich in einer Anstalt aufgehalten habe, schuldig sein des Vergehens gegen die Sicherheit der Gesundheit, des Vermögens und der Ehre. Ein Wahrheitsbeweis, wie ihn auch die Strafgesetze bei Ehrenbeleidigungen durch Verbreitung ehrenrühriger, wenn auch wahrer Tatsachen aus dem Privat- und Familienleben fast überall nicht gestatten, soll im Irrenrechte ganz unzulässig sein.

Auch wer falsche Gerüchte über Irrengerichtsverhandlungen verbreitet, macht sich dieses dreifachen Vergehens schuldig.

Wird dieses Vergehen durch die Presse begangen, so sind der Herausgeber, der Redakteur und der Verfasser des betreffenden Artikels immer vor dem Einzelrichter durch den Staatsanwalt anzuklagen.

Einer überstandenen Geisteskrankheit wegen darf endlich niemand seiner Stellung verlustig werden, wenn nicht andere Gründe vorliegen, zum Beispiel die Unfähigkeit; er darf in keinem seiner bürgerlichen und persönlichen Rechte geschmälert werden. In einem öffentlichen Polizei-, Sitten- oder Gerichtszeugnis darf dieses Umstandes niemals gedacht werden; denn der Aufenthalt in einer psychiatrischen Anstalt ist ein Unglück und keine Strafe.

Zum Schlusse dieses Kapitels drängt sich mir eine Rechtserwägung auf, welche sozusagen unbewusst im Rechtsgefühl des Volkes schlummert und auch auf anderen Gebieten schon längst hätte gesetzlichen Ausdruck finden sollen.

Ich meine die Scheu des ehrlichen Menschen, von demjenigen einen Vorteil zu ziehen, den er irgendwie einmal beleidigt hat: Der ehrliche Mensch holt sich in seinem Schuldbewusstsein von dem auch in dessen Abwesenheit Beleidigten keinen Rat, er schämt sich seiner Fürsprache, er sucht seine Hilfe nicht, seine Unterstützung nicht, er macht kein Geschäft mit ihm, das, selbst ohne jenen schädigen zu können, ihm einen Vorteil brächte; ja er ist durch irgendeine Wohltat des Beleidigten tief beschämt. Das ist eine Erscheinung, die jeder ehrliche Mensch an sich selber wahrnimmt, eine Erscheinung, die aus dem subjektiven Rechtsgefühl entspringt.

Das Rechtsgefühl ist aber der sicherste Maßstab des Rechtes überhaupt.[45]

Wenn nun jemand einen anderen der Geisteskrankheit bezichtigt, oder wenn er ihm auch gegen dritte Personen eine überstandene Geisteskrankheit zum Vorwurf macht, so begeht er ein Unrecht, ein viel größeres Unrecht, als wenn er ihn durch sonst ein Vergehen gegen die Sicherheit der Ehre beleidigt hätte. Der ehrliche Mensch ist auch von dieser Tatsache durchdrungen; nicht so der Heuchler – sagen wir es offen – der *Betrüger*! Darf nun dieser eine Wohltat empfangen vom Beleidigten?

Und darum soll jeder auch gesetzlich des Verbrechens oder Vergehens des *Betruges* schuldig sein, der jemanden des Irrsinns beschuldigt oder eine überstandene Geisteskrankheit zum Vorwurf gemacht hat und dennoch später einen Vorteil von ihm zu ziehen trachtet, oder auch nur stillschweigend eine Wohltat annimmt; denn in einer solchen Handlungsweise liegen alle Kriterien des Betruges, weil sie eine *listige* Vorstellung ist, durch welche der Beleidigte darum Schaden leiden soll, weil er dem Beleidiger wohl kaum den Vorteil zukommen ließe, wenn er um dessen Beleidigung wider ihn gewusst hätte. Der Beleidiger benützt also die Unwissenheit des Beleidigten; die Absicht der Schädigung aber ist schon in der Beleidigung gelegen, und nicht zu trennen von dem nachfolgenden Vorteil, welcher also in Hinsicht auf die Absicht sowohl als auch die Schädigung im engsten Zusammenhange mit der Beleidigung steht, was das Rechtsgefühl des Ehrlichen deutlich beweist.

Nur derjenige sollte straflos sein, der dem von ihm Beleidigten, ehe er von ihm einen Vorteil begehrt oder annimmt, offen und voll das demselben zugefügte Unrecht bekennt.

Die Qualifikation dieses Betruges als Verbrechen und Vergehen soll nach der Höhe des empfangenen Vorteils bemessen und nach dem Strafgesetz bestraft werden.

Wenn sich dieses Vergehens das mündige Kind gegen einen Teil seiner Eltern schuldig macht, so kann es überdies

---

[45] Vergl. Jherings Worte im vorigen Abschnitt, S. 53;

enterbt, wenn sich ein Eheteil gegen den anderen in dieser Weise versündigt, so soll auf Verlangen des beleidigten Teiles die Ehetrennung vorgenommen werden, ohne dass der schuldige Teil irgendwelche materielle Forderung an den anderen zu stellen berechtigt ist.

Diese Strafbestimmungen, die ich darum diesem Kapitel angehängt habe, weil ich dieselben sonst hätte des Öfteren wiederholen müssen, sind eben das wirksamste Mittel *zum Schutze vor dem ungerechtfertigten Verdacht der gesunden und vor der üblen Lage der gesund gewordenen Person* (der unbedingt wichtigste Teilbezirk im ganzen Gebiete des Irrenrechtes) und bedürfen durchaus keiner Korrektur, weil der begründete Antrag auf Untersuchung einer Person unter dem Verdacht des Irrsinns vor einer Behörde, *die zur Amtshandlung wider den Verdächtigen berufen ist*, wie selbstredend nicht als Beleidigung aufzufassen ist.

C. Der Schutz öffentlicher Interessen

Die Schuld des Staates verlangt zu ihrer Tilgung die rechtliche Ordnung aller Verhältnisse des gesellschaftlichen Lebens. Darunter fällt nun allerdings auch das Privatrecht, ich meine das Privatrecht außerhalb des Irrenrechtes, das Privatrecht anderer Personen; aber auf dem Gebiete des Irrenwesens muss sich dasselbe dem öffentlichen Rechte unterordnen.

Das einzige privatrechtliche Moment, welches in diesem Sinne in das Irrenrecht hineinragt, wäre vielleicht der Schutz der Interessen der Erbberechtigten eines Geisteskranken. Diesen Schutz jedoch gesetzlich auszusprechen, ist so gefährlich, seine rechtliche Anerkennung gäbe so viel Raum zu Willkür und Unrecht, dass man im Interesse der Gerechtigkeit davon absehen und die *zivilrechtliche* Bevormundung unter dem Titel der Geisteskrankheit verdammen muss. Es wird sich aber auch zuverlässig herausstellen, dass es dieses Schutztitels gar nicht bedarf; denn der privatrechtliche Titel der *Verschwendung* gibt noch immer das Mittel an die Hand, erbberechtigte Verwandte davor zu schützen, dass ihr künftiger Erblasser sie des Vermögens, das sie anzuhoffen berechtigt sind, beraubte.

Die staatliche Ordnung, die Ruhe der Bürger und ihre Sicherheit sind nun jene Momente, welche die Tätigkeit des Staates auf unserem Gebiete herausfordern; diesen Teil des Schutzes gegen die schädlichen Handlungen der Geisteskranken möchte ich das *Irrenstrafrecht* nennen; und ich glaube mit Recht, denn jede gefährliche Handlung eines Geisteskranken an und für sich wird sich immer zugleich als eine strafrechtlich verpönte darstellen und sich unter den Titel »Übertretung«, »Vergehen«, »Verbrechen« einreihen lassen. Allerdings wird ihr das charakteristische Merkmal der strafrechtlich verpönten Handlung, die Absichtlichkeit einerseits und die geistige Zurechnungsfähigkeit des Schuldigen andererseits mangeln, darum aber soll sie auch nicht unter das gemeine Strafrecht, sondern unter das Irrenstrafrecht fallen.

Vielleicht ist die Haft eines Geisteskranken in Rücksicht auf das subjektive Empfinden desselben gar nicht Strafe zu nennen, in Rücksicht auf ihre objektive Erscheinung jedoch der Öffentlichkeit gegenüber ist sie gewiss eine Strafe und muss dafür gelten, weil der gefährliche Geisteskranke die Ursache der Beunruhigung für andere ist. Auch im gemeinen Strafrechte hat ja diese Auffassung das Bürgerrecht, sie heißt da »*Unschädlichmachung des Verbrechers*«.

Warum nun aber dennoch ein Unterschied gemacht werden muss zwischen dem Verbrecher und dem derselben Tat schuldigen Geisteskranken, ist darin zu suchen, dass beim Irrsinnigen der Zustand, in welchem die Tat gesetzt wurde, eben die Geisteskrankheit, aufhören kann zu sein, und mit ihm die Ursache der Gefahr; nicht so beim gemeinen Verbrecher, dessen geistiger Zustand nach wie vor derselbe bleibt, weil er der normale war.

Der Zustand der »Dringlichkeit«, einen des Irrsinns Verdächtigen in einer Anstalt unterzubringen, darf gesetzlich nicht anerkannt werden, weil gerade dieser Vorwand für die absichtliche und ungerechtfertigte Beschränkung der persönlichen Freiheit am gefährlichsten ist. Seine Anerkennung ist aber auch nicht Notwendigkeit, weil einerseits die Strafgesetze genug Mittel bieten, eine »dringlich« gefährliche Person unschädlich zu machen, und weil andererseits nach einem neuen Irrenrechte eine baldige Untersuchungshaft verfügt werden kann.

Das Irrenstrafrecht nun berührt jedoch nur das öffentliche Interesse in Bezug auf die Sicherheit der Gesellschaft und ihrer Glieder und die öffentliche Ordnung.

Es gibt aber noch einen anderen Schutz öffentlicher Interessen. Das ist der Schutz vor öffentlichen Nachteilen und darunter ist zu zählen die Überfüllung psychiatrischer Anstalten mit Leuten, die nicht hineingehören, mit Simulanten, Potatoren und Arbeitsscheuen, und dadurch die Schwächung der volkswirtschaftlichen Arbeitskräfte.

1. Das Irrenstrafrecht

Was sich als Tat darstellt, gegen welche das Irrenrecht als Strafrecht einzutreten hat, wird vor allem das gewalttätige Verbrechen und dann das gewalttätige Vergehen sein: Verbrechen und Vergehen, die ihrer Natur nach niemals Produkte einer Geisteskrankheit sein können, wie zum Beispiel der Betrug, können auch keine Veranlassung zur Verdächtigung der Geisteskrankheit geben. Es fallen aber auch solche Übertretungen, welche die öffentliche Ordnung und Ruhe berühren, unter das Irrenstrafrecht, wenn die Person, welche sich derselben schuldig gemacht hat, der Geisteskrankheit verdächtigt wird.

Eine gefährliche Geisteskrankheit jedoch, ja die gefährlichste, deren die Psychiatrie bisher noch wenig gedacht hat, obgleich darauf von juristischer Seite, insbesondere aus England aufmerksam gemacht wurde, ist der *Verfolgungstrieb, die Verfolgungssucht*. Der Zerstörungs- und Verfolgungstrieb, das so gefährliche *aktive* Gegenteil des *passiven*, aber doch so übertrieben wichtig genommenen Verfolgungswahnes, hat ungezählte Verbrechen begangen, er hat ungezählte Opfer gefordert, die ihm machtlos verfallen sind. Der Verfolger dieser Art ist im höchsten Grade *ungerecht*, ihm fehlt jedes Rechtsgefühl, er setzt ein Unrecht und verficht dasselbe, ihn drängt ein Gefühl zur bösen Tat, das der Rache ähnlich, das jedoch keine ist, weil der Grund dazu fehlt. Er schädigt sein Opfer auf alle möglichen Arten, bald an dessen Ehre, bald an dessen Vermögen oder Gesundheit. Er arbeitet bald im Geheimen, bald offen, immer mit verblüffender Kühnheit. Oft ist jahrelang der krankhafte Zustand nicht zu erkennen, außer an boshafter Ehrabschneidung, wohl auch an wiederholten Strafen wegen Ehrenbeleidigungen und Misshandlungen. Oft glaubt man Motive in seiner Tat zu entdecken, ja er gibt sie vielleicht selbst an, wenn er endlich doch vor Gericht gestellt wird, wie *Hugo Schenk*, aber die Motive sind den Richtern, den Geschworenen, der Welt unfassbar.

Wer der Verfolgungssucht verfallen ist, ist der Prototyp des gefährlichen Geisteskranken. Er lohnt Freundschaft mit Undank, Liebe mit Rache, sein Charakterzug ist die Ungerechtigkeit. Wenn der Verfolgte seine Rechte verteidigt, so entfacht das seine Krankheit zum fürchterlichsten Paroxysmus; wo er nur mit Nadelstichen peinigte, da greift er nun zu den schrecklichsten Mitteln und freut sich an den Qualen seines Opfers.

Nicht alle, die am Verfolgungstriebe leiden, hat man auch vor Gericht gestellt und wenige nur kamen ins Irrenhaus. Viele leben unter uns, und nur hie und da wundert man sich über einen Akt der Brutalität, über den Geifer, der aus ihren Reden fließt. Oft verbirgt der Kranke sorgfältig seine Rachegedanken, die ihn fort und fort beschäftigen, denen er bald den Schlaf, bald leibliche Genüsse, Geld und Gut, ja selbst das Wohl seiner nächsten Angehörigen zum Opfer bringt.

Von unauslöschlichem, ganz unbegründetem Hass ist der dem Verfolgungstriebe Verfallene erfüllt. Er benützt seine Macht, seine Stellung zu Werkzeugen seines Triebes. Das Opfer, das zugleich der Untergebene des Kranken ist, empfindet dies auf eine schreckliche Art: Alles, Vorteil, Achtung, Liebe wird dem schrecklichen Triebe hintangesetzt.

Er gebraucht auch andere als Werkzeuge, und es ist wunderbar, wie er sie umzustricken versteht. Willenlos folgen sie seinen Befehlen aus Furcht vor der dämonenhaften Kraft des Verfolgungstriebes, den nichts aufzuhalten vermag. Ein Entrinnen gibt es nicht mehr für das arme Werkzeug, es ist durch gemeinschaftliche Verbrechen an den Wahnsinnigen festgekettet.[46] Über kurz oder lang wird dann auch das Werkzeug, welches nach allen Richtungen seines persönlichen Daseins ausgenutzt worden ist, endlich auch dem Dämon Verfolgungstrieb geopfert.

Nie zieht Reue, nie Versöhnung, nie ein Strahl eines besseren Gefühls in das Seelenleben eines solchen Ebenbildes Lucifers. Der Name Teufel stammt von solchen Wahnsinnigen, und nicht ohne Grund galten sie in vorchristlichen Zeiten allgemein als vom Teufel Besessene.

Wer nun wollte einen solchen Menschen als gesund im Geiste hinstellen? Er ist die höchste Potenz der Gefahr für das Menschengeschlecht, nicht allein durch sich selbst, sondern auch durch die von ihm gezeugten und den Keim derselben Geisteskrankheit in sich tragenden Nachkommen.

Seine Mittel, seine Wege sind verschieden, sie wechseln, wie das Bild eines Feuer speienden Kraters, bald lockt er mit allen Verführungskünsten der Liebe, mit sanftmütiger Heuchelei, eine teuflische Verstellungskunst steht ihm zu Diensten, bald tobt er wild und fürchterlich und vernichtet alles um sich her. Diesen Krankheitszustand vermögen Ärzte nicht zu erkennen, wenigstens bis heute nicht und aus somatischen Anzeichen nicht; ich könnte eine Menge Fälle aus der Geschichte und aus interessanten Kriminalgeschichten aufführen, wo es zweifellos ist, dass es sich da um Wahnsinnige gehandelt hat, die dem Verfolgungstriebe verfallen waren. Hier soll der Geschworene allein berechtigt sein zu urteilen, der Mensch mit der gottähnlichen Seele, der Mensch in seiner Vielheit.

Der Verfolgungstrieb ist der vollständige Verlust der subjektiven Gerechtigkeit, es ist die Rachsucht ohne Grund.

Wenn die Bestimmungen im Irrenrechte, wie wir sie in den vorstehenden Blättern niedergelegt haben, für jede Art von Geisteskrankheit ausreichen, so doch nicht für jene, die

---

[46] Fall Hugo Schenk, dem sein Bruder Karl willenlos diente.

dem Verfolgungstriebe anheimgefallen sind. Ihre Verschuldung ist groß, *die Ursache der Gefahr für andere unauslöschlich*, und darum ist derjenige, der des Verfolgungstriebes für schuldig erkannt wird, niemals mehr aus dem Irrenhause zu entlassen, wenn nicht neue Umstände, die zur Zeit seiner Verurteilung nicht bekannt waren, seine Unschuld beweisen. Er darf niemals von der Visitationskommission entlassen werden, sondern muss abermals vor einen Irrengerichtshof gestellt werden. Von allen Kategorien der Bewohner psychiatrischer Anstalten ist dem des Verfolgungstriebes wegen Verurteilten allein das Recht des Briefgeheimnisses zu entziehen. –

Freilich ist im Irrenstrafrechte stets genau zu untersuchen, ob nicht die wirklich begründete Rache, wie ihr als Volkssitte ganze Länderstriche huldigen, oder wie sie gerade Menschen von ausgebildetem Rechtsgefühl handhaben, *wenn ihnen die gesetzliche Ordnung die Mittel entzieht, ein erlittenes Unrecht zu sühnen*, das leitende Motiv eines Verbrechens wurde. Es ist zu untersuchen, ob die gesetzte Tat überhaupt ein Verbrechen war, ob sie nicht nur der Ausdruck der Verteidigung eines Rechtes, ob sie nicht Notwehr war. –

Das Irrenstrafrecht greift in das gemeine Strafrecht sehr oft ein. So ist es notwendig, dass derjenige, der einer strafrechtlich verpönten Handlung wegen den Verdacht der Geisteskrankheit erregt, vom Staatsanwalt über Antrag des Untersuchungsrichters der Geisteskrankheit angeklagt wird.

In diesen Fällen soll die Untersuchungshaft in der Art verfügt werden, als es die strafrechtlich verpönte Handlung, deren sich der Verdächtige schuldig gemacht hat, verlangen würde.

Die Geschworenen werden auch zu beurteilen haben, ob in der Wiederholung eines Vergehens oder eines Verbrechens eine krankhafte *Manie* zu erkennen ist.

2. Schutz vor öffentlichen Nachteilen

Das Meiste ist bereits gesagt.

Wer einer Übertretung, eines Vergehens oder eines Verbrechens sich schuldig gemacht hat und unter dem Titel der Geisteskrankheit in eine Irrenanstalt untergebracht wurde, der ist durch die Anstaltsärzte zu beobachten. Alle Beobachtungen sind in ein Protokoll einzutragen. Findet die Visitationskommission, dass sie es mit einem Simulanten zu tun habe, dann ist derselbe unverzüglich dem ordentlichen Richter zu überantworten.

Die Bestimmungen unseres Gesetzentwurfes schützen im Übrigen den Staat hinlänglich davor, dass er arbeitsscheue Individuen in seinen Irrenanstalten versorgt; denn dieses Gesetz macht es keinem leicht, in einer Anstalt Aufnahme zu finden, es wachen darüber die Institutionen der Irrengerichtshöfe und der Visitationskommissionen.

Kodex

Bei rein wissenschaftlichen Fragen mag man sich bescheiden, den Irrtum zu widerlegen, auch wenn man nicht imstande ist, selber die positive Wahrheit zu geben, aber bei praktischen Fragen, wo feststeht, dass gehandelt werden muss, und es nur darauf ankommt, wie gehandelt werden soll, reicht es nicht aus, die von einem anderen gegebene positive Anweisung als unrichtig abzulehnen, sondern man muss eine andere dafür an die Stelle setzen.

Rudolf Jhering

I. Wirkungskreis

§ 1

Alle Bestimmungen, die mit diesem Gesetz in Widerspruch stehen, sind außer Kraft gesetzt.

§ 2

Dieses Gesetz hat, insoweit es die Verhältnisse gestatten, folgende rückwirkende Kraft:

a) allen unter dem Verdacht oder Vorwand der Geisteskrankheit bis zum Zeitpunkt der Publizierung dieses Gesetzes in psychiatrischen Anstalten jeder Art festgehaltenen Personen ist sowohl ein *Vermögens-* als auch ein Personalkurator zu bestellen;

b) alle bis zur Zeit der Publizierung dieses Gesetzes inhaftierten oder sonst dafür erklärten Geisteskranken sind auf ihr oder das Verlangen ihrer Personalkuratoren vor einen Irrengerichtshof zu stellen;

c) alle Bestimmungen dieses Gesetzes über Behandlung, Entlassung und Beschwerdeführung sind auch für diejenigen Geisteskranken von rechtlicher Geltung, die sich bis zur Zeit der Publizierung dieses Gesetzes nicht im Vollgenusse ihrer Freiheit befinden.

§ 3

Ein fremder, der Geisteskrankheit verdächtiger Staatsbürger ist nur dann an seinen Heimtatstaat auszuliefern, wenn in demselben das vorliegende Gesetz Rechtskraft hat.

Der in einem fremden Staate, wo dieses Gesetz nicht gilt, der Geisteskrankheit verdächtige, eigene Staatsbürger ist von den hierzu berufenen Behörden, sobald dieselben davon Kenntnis erhalten, zur Auslieferung zu verlangen.

§ 4

Diesem Gesetz unterliegen alle Staatsbürger mit Einschluss des regierenden Hauptes und dessen Familienglieder, jedoch mit der Beschränkung, dass gegen das regierende Haupt oder eines seiner Familienglieder nur dann die Untersuchung wegen Geisteskrankheit eingeleitet werden darf, wenn der Familienrat hierzu seine Einwilligung erteilt. Wenn diese Erlaubnis nicht gegeben wird, so gilt die betreffende Person für gesund.

Ein Abgeordneter zu einem gesetzgebenden Körper kann nur dann in Untersuchung wegen Geisteskrankheit gezogen werden, wenn das gesetzgebende Haus, dem er angehört, hierzu seine Einwilligung erteilt. Wenn diese Erlaubnis nicht gegeben wird, so gilt die betreffende Person als gesund.

Wider einen Gesandten und bevollmächtigten Minister oder sonst völkerrechtlich exterritorialisierte Personen hat nur der Staat, welcher sie bevollmächtigt hat, das Recht der Untersuchung und Anklage wegen Geisteskrankheit.

II. Allgemeine Bestimmungen

§ 5

Niemand darf unter dem Titel der Geisteskrankheit seiner persönlichen Freiheit willkürlich beraubt, in sonst einem seiner persönlichen, wirtschaftlichen oder politischen Rechte willkürlich geschmälert oder gekränkt, oder, wenn er nicht rechtlich für geisteskrank gilt, der ärztlichen Zwangsbehandlung unterworfen werden.

§ 6

Nur derjenige, den ein ordentlicher Irrengerichtshof für geisteskrank erklärt hat, gilt dafür.

§ 7

Eine Untersuchungshaft (Beobachtung) unter dem Titel der Geisteskrankheit darf nur über richterlichen, im gesetzlichen Verfahren gefassten Beschluss stattfinden.

§ 8

Als geisteskrank darf nur derjenige erklärt werden, dem es nachgewiesen worden ist:

  a) dass er den Maßstab für Böses und Gutes, für Recht und Unrecht durch persönlichen Irrwahn, der über die ihn erzeugenden äußeren Ursachen hinaus dauert, verloren oder nie besessen hat und dadurch der menschlichen Gesellschaft oder ihren Gliedern gefährlich geworden ist,

b) oder dass er durch vollständige oder andauernde Unzurechnungsfähigkeit der menschlichen Gesellschaft oder ihren Glieder gefährlich werden könnte,

c) oder dass er durch krankhaften Verfolgungstrieb den vollständigen Verlust seiner subjektiven Gerechtigkeit erlitten, von unbegründeter Rachsucht erfüllt und dadurch der menschlichen Gesellschaft oder ihre Gliedern gefährlich geworden ist.

§ 9

Jedes ärztliche Gutachten über einen der Geisteskrankheit Verdächtigen oder Angeklagten ist grundsätzlich der Kritik des Betroffenen, seines Rechtsfreundes und seines Arztes von Amts wegen auszusetzen.

Darum ist das Parere der Gerichtsärzte in der Untersuchung von jenen Ärzten schriftlich zu verfassen, die den Verdächtigen belasten, und in gerichtlicher Abschrift an desselben Rechtsfreund und Arzt auszufolgen.

§ 10

Jedem, der gerichtlich als geisteskrank erklärt wurde, ist ein Vermögenskurator und ein Personalkurator in zwei verschiedenen Personen zu bestellen.

Der Wunsch des Geisteskranken ist bei der Wahl der Personen der Kuratoren zu berücksichtigen.

Kurator eines Geisteskranken kann nur ein mindestens 30 Jahre alter, unbescholtener und inländischer Bürger sein.

Das Kuratorium, sowohl in Rücksicht auf das Vermögen als auch auf die Person des Geisteskranken, erlischt nach dessen Entlassung aus der Anstalt, nach seiner gerichtlichen Gesunderklärung oder endlich durch den Tod des Geisteskranken.

Die Obervormundschaftsbehörde kann andere Kuratoren bestellen, wenn die als solche funktionierenden Personen ihren Pflichten nicht nachkommen.

§ 11

Der Geisteskranke hat keinerlei Pflichten, wohl aber, soweit es die Verhältnisse gestatten, Rechte.

§ 12

Einer überstandenen Geisteskrankheit wegen darf niemandem ein Schaden zugefügt werden, insbesondere darf niemand aus diesem Grunde einer öffentlichen Stellung, die er vorher innehatte, verlustig erklärt werden, und es darf darum niemand in einem seiner persönlichen, wirtschaftlichen oder politischen Rechte geschmälert oder gekränkt werden.

In einem öffentlichen Polizei-, Sitten- oder Gerichtszeugnis darf einer überstandenen Geisteskrankheit niemals Erwähnung geschehen.

III. Antrag und Untersuchung

§ 13

Den Antrag auf Untersuchung des Geisteszustandes einer Person darf nur der Staatsanwalt stellen, und zwar über den schriftlichen und begründeten Antrag einer Privatperson, des Gemeindevorstandes, der Polizei, eines Irrenarztes hinsichtlich einer in einer unter seiner Aufsicht stehenden Anstalt befindlichen, freiwillig oder unter dem Titel der Hilflosigkeit im kurzen Verfahren untergebrachten Person, und endlich des Untersuchungsrichters hinsichtlich einer wegen einer Übertretung, eines Vergehens oder Verbrechens im Anklagezustand befindlichen Person.

Über die Identität der der Geisteskrankheit verdächtigen Person darf keinerlei Zweifel obwalten und dem Staatsanwalt muss mit dem Antrag der Heimatschein oder sonst eine die Identität des Verdächtigen beweisende Urkunde übergeben werden.

Ebenso darf über die Person des Antragenden keinerlei Zweifel obwalten.

Geht der Antrag auf Untersuchung wider einen der Geisteskrankheit Verdächtigen von einer Privatperson oder einem Irrenarzte aus, so muss die Unterschrift derselben notariell oder gerichtlich beglaubigt sein; stellt einen solchen Antrag der Gemeindevorstand oder die Polizei, so muss die für den Antrag verantwortliche Person: der Gemeindevorsteher, der Stellvertreter desselben oder der Polizeibeamte ausdrücklich genannt und das Amtssiegel beigedrückt sein; der Antrag des strafgerichtlichen Untersuchungsrichters bedarf nur seiner und der Unterschrift des Schriftführers.

§ 14

Personen, welche dem Strafgesetz gegenüber die Immunität besitzen, können selber keinen Antrag auf Untersuchung des Geisteszustandes einer Person stellen.

§ 15

Der Armenvater hat die Pflicht, es dem Gemeindevorstand seines Heimatortes anzuzeigen, wenn er die Überzeugung hat, dass einer seiner Schutzbefohlenen geisteskrank geworden ist. Der Gemeindevorstand hat diese Anzeige in Form eines Antrages auf Untersuchung des Geisteszustandes des Verdächtigen an den Staatsanwalt zu leiten.

§ 16

Der Staatsanwalt muss über einen ordnungsmäßig gestellten Antrag seinerseits binnen 24 Stunden beim zuständigen Gericht den Antrag auf Untersuchung des Geisteszustandes des Verdächtigen unter Beilage des Original-Antrages und aller anderen auf den Fall bezüglichen Papiere stellen.

§ 17

Das Gericht bestellt, wenn es die angeführten Gründe für glaubwürdig und genügend hält, zu einer wo möglich sofort, längstens aber binnen 24 Stunden stattfindenden Tagfahrt, die etwa im Antrag genannten Zeugen, den Antragenden und drei unbescholtene Gerichtszeugen.

Die Zeugen werden über die Verdachtsmomente eidlich vernommen.

Der Richter hat die Glaubwürdigkeit der Zeugen, deren und des Antragenden Unparteilichkeit zu prüfen und insbesondere zu untersuchen, ob nicht die Absicht vorliegt, den Verdächtigen ungerechtfertigterweise zu beseitigen.

Der Richter kann auch andere Zeugen ohne Wissen des Antragenden, jedoch unter Anzeige an den Staatsanwalt einvernehmen. Dieser Zustand der Voruntersuchung darf längstens 48 Stunden dauern.

§ 18

Hält der Richter die weitere Untersuchung für notwendig, so ordnet er auf abermals 24 Stunden eine neue Tagfahrt an, zu welcher der Verdächtige mit einem Rechtsfreunde und einem von diesem oder jenem gewählten Arzte, ferner der Staatsanwalt, ein bestellter Gerichtsarzt und die bereits einvernommenen Zeugen zu erscheinen haben.

Der Antragende selbst darf der Tagfahrt nicht beiwohnen, wenn nicht der Richter ausdrücklich anders beschließt. Dieser Beschluss kann nur dann gefasst werden, wenn die Gefahr der allzu großen Aufregung des Verdächtigen durch den Anblick des Antragenden nicht besteht.

§ 19

Hat der Verdächtige zu dieser Tagfahrt keinen Rechtsfreund und keinen Arzt mitgebracht, so sind ihm beide sofort von Amts wegen zu bestellen.

§ 20

Im Verdächtigen ist ein glaubwürdiger Zeuge zu vermuten.

Der Antrag auf Untersuchung seines Geisteszustandes ist ihm vollinhaltlich vorzulesen und seine und seines Rechtsfreundes Erwiderung, welch Letzterer den Antrag zu entkräftigen bemüht sein muss, zu Protokoll zu nehmen.

Die Zeugen sind in Gegenwart des Verdächtigen nochmals einzuvernehmen; auf jede einzelne Aussage derselben haben er und sein Rechtsfreund das Recht der Erwiderung.

Darauf geben die beiden anwesenden Ärzte ihr fachmännisches Gutachten ab.

§ 21

Stellt der Staatsanwalt den Antrag, dass der Verdächtige in Untersuchungshaft zu nehmen sei, so kann der Richter diesem Antrag nur dann stattgeben, wenn beide Sachverständige gleicher Ansicht über die Gefährlichkeit des Verdächtigen sind.

§ 22

Wenn die Ärzte nicht gleicher Anschauung sind, so kann der Richter eine neue Tagfahrt anordnen und dazu die beiden bereits einvernommenen Ärzte und außer diesen noch zwei neue Ärzte, von denen den einen der Staatsanwalt, den anderen der Verdächtige oder sein Rechtsfreund vorschlägt, samt dem Staatsanwalt, dem Verdächtigen, seinem Rechtsfreunde und den Zeugen vorladen.

Nur wenn von den jetzt anwesenden vier Ärzten mindestens drei über die Gefährlichkeit des Verdächtigen gleicher Ansicht sind, kann der Untersuchungsrichter die Untersuchungshaft beschließen, er kann jedoch ebenso gut den Verdächtigen auf freiem Fuße belassen.

§ 23

Wenn eine Person, die sich in strafgerichtlicher Untersuchungshaft befindet, wegen Geisteskrankheit in Untersuchung gezogen wird, so hat sie in Haft zu bleiben.

Wird die Untersuchung wegen Geisteskrankheit eingestellt, so muss die wegen des strafrechtlichen Delikts wieder aufgenommen werden.

§ 24

Die Untersuchungshaft einer wegen Geisteskrankheit verdächtigen Person muss eine milde sein. Für jeden Fall darf der Verdächtige mit seinem Rechtsanwalt und seinem selbst gewählten Arzte unbeschränkt verkehren und etwa gewohnte Genüsse, wie Rauchen, Schnupfen, Trinken geistiger Getränke, den Genuss von Morphium und Arsenik unter Aufsicht und nach Anordnung seines Arztes mit gehöriger Vorsicht fortsetzen, wenn er die Mittel zu deren

Anschaffung besitzt. Er darf auch, wenn er sich nicht zugleich in strafgerichtlicher Untersuchung befindet, Briefe schreiben, absenden und empfangen.

§ 25

Zu jedem Zeitpunkt der Untersuchung kann der Richter, wenn er hierfür Gründe findet, das Verfahren gegen den einer Geisteskrankheit Verdächtigen ganz einstellen.

§ 26

Gegen alle Beschlüsse des Richters haben beide Teile die Rechtsmittel der Strafprozessordnung, welche dort, wo dieses Gesetz nichts anderes vorschreibt, auch sonst im Untersuchungsverfahren gegen Geisteskranke anzuwenden ist.

IV. Anklage und Urteil

§ 27

Die Untersuchungshaft darf längstens 14 Tage dauern, inzwischen ist die Anklage zu erheben und sind alle Zeugen, die der Staatsanwalt und der Verdächtige oder sein Rechtsfreund zur Einvernahme beantragen, nebst dem Verdächtigen, seinem Verteidiger und Arzte zur Hauptverhandlung vorzuladen.

Der vorgeladene Arzt hat in der Verhandlung keine andere als eine rein ärztliche Stellung, er ist da, um dem Angeklagten bei Unwohlsein, großer Aufregung etc. beizustehen.

Ebenso wenig dürfen andere Ärzte in der Hauptverhandlung einvernommen werden.

§ 28

Die Hauptverhandlung findet in öffentlicher Sitzung und, insoweit es dieses Gesetz nicht anders vorschreibt, nach den Normen des Strafprozesses statt.

Der Gerichtshof besteht aus vier Richtern mit Einschluss des Vorsitzenden.

Das Verdikt fällen jedoch zwölf Geschworene.

§ 29

Sollte die begründete Befürchtung vorliegen, dass durch früher ausgestreute böswillige Gerüchte über den Zustand des Angeklagten oder durch andere Mittel die Geschworenen des zuständigen Gerichts zuungunsten des Angeklagten beeinflusst worden sind, so kann über den Antrag des Angeklagten oder seines Rechtsanwaltes das Obergericht einen anderen Gerichtshof zur Durchführung der Hauptverhandlung delegieren.

§ 30

Die Geschworenen zum Irrengerichtshofe werden vom Volke auf die Dauer von drei Jahren gewählt, und zwar so, dass je hundert in der Nachbarschaft wohnende großjährige Männer einen mindestens 30 Jahre alten, im Vollgenusse seiner bürgerlichen Rechte befindlichen Geschworenen entsenden.

Die Zahl der Geschworenen bei einem Irrengerichtshofe muss mindestens 36 betragen.

§ 31

Der Staatsanwalt einerseits und der Angeklagte samt dessen Verteidiger andererseits haben das Recht, eine gleiche Anzahl von Geschworenen ohne Angabe von Gründen bis zu der übrig bleibenden Zahl von 12 Geschworenen abzulehnen.

§ 32

Dem Angeklagten ist vom Vorsitzenden des Gerichtshofes dreimal verständlich mitzuteilen, dass er auf alles, was gegen ihn gesprochen wird, das Recht der Erwiderung und Entkräftigung habe.

§ 33

Das Urteil wird in der Art gefällt, dass der Gerichtshof an die Geschworenen die Schuldfrage so stellt, dass alle Kriterien der gesetzlichen Auffassung einer oder mehrerer der rechtlich anerkannten Geisteskrankheiten (§ 8 a, b, c) in derselben enthalten sind.

§ 34

Die Geschworenen antworten mit »Ja« oder »Nein«. Sie haben das Recht, einzelne Teile der Frage zu eliminieren und dann dieselbe zu beantworten.

§ 35

Nur wenn die Schuldfrage von mindestens neun Geschworenen bejaht wird, kann der Gerichtshof den Schuldspruch fällen.

§ 36

Beide Parteien haben das Recht der Nichtigkeitsbeschwerde an den Obersten Gerichtshof, bei dem für Angelegenheiten der Irrenrechtssprechung ein eigener Senat zu bestehen hat.

V. Aufnahme

§ 37

Jede von einem ordentlichen Irrengerichtshofe für geisteskrank erklärte Person muss in einer unter staatlicher Aufsicht stehenden psychiatrischen Anstalt untergebracht werden.

§ 38

Der Direktor einer psychiatrischen Anstalt darf niemanden aufnehmen, der ihm nicht

  a) unter Beibringung des Beschlusses eines ordentlichen Richters zur Untersuchungshaft (Beobachtung), oder

b) unter Beibringung des Urteils eines ordentlichen Irrengerichtshofes,

c) oder unter dem Titel der Hilflosigkeit unter Beibringung der vonseiten der gerichtlichen Kommission ausgefertigten Erklärung, dass der Hilflose gegen die Unterbringung keinen Einspruch erhoben hat,

vom Gericht übergeben wird, oder

d) der nicht persönlich unter Beibringung einer Identitätsurkunde in Gegenwart eines Notars um Aufnahme ersucht und die ausdrückliche Erklärung abgibt, dass er sich freiwillig aus Gesundheitsrücksichten der Behandlung in der Anstalt unterwerfe.

§ 39

Der Hilflose fällt unter das Irrenrecht (§ 10), ohne gerichtlich als geisteskrank erklärt worden zu sein, wenn ihn zwei Ärzte für geisteskrank halten und der Betroffene von dem Rechte keinen Gebrauch macht, gegen die Unterbringung in einer Anstalt selber oder durch seinen Rechtsfreund, der stets, wenn nötig, von Amts wegen zu der gerichtlichen Kommission einzuladen ist, Einsprache zu erheben.

Die gerichtliche Kommission besteht aus dem Richter, dem Staatsanwalt, zwei Ärzten, von denen den einen der Rechtsfreund des Hilflosen zu wählen hat, dem Rechtsfreunde, dem Schriftführer und drei unbescholtenen Gerichtszeugen.

§ 40

Der körperlich Hilflose darf nur in ein Krankenhaus anderer Art untergebracht werden, wenn die häusliche Pflege nicht gut erscheint.

§ 41

Der geistig Hilflose, der nicht zugleich körperlich hilflos ist und der Gesellschaft gefährlich erscheint, muss, wenn von ihm oder seinem Rechtsfreund gegen die Unterbringung in eine Anstalt protestiert wird, im ordentlichen Wege von einem Irrengerichtshofe der Geisteskrankheit (§ 8 b) angeklagt werden.

§ 42

Die von einer Person, welche freiwillig in eine Anstalt tritt, abgegebene Erklärung (§ 38 d) hat der Notar in zwei Exemplaren schriftlich auszufertigen, eines davon dem Anstaltsdirektor zu übergeben, das andere an das zuständige Gericht zu leiten.

VI. Behandlung

§ 43

Den geisteskranken Bewohnern einer psychiatrischen Anstalt dürfen gewohnte Genüsse nicht plötzlich und ganz entzogen werden. Zu diesen

Genüssen zählen insbesondere das Trinken alkoholhaltiger Getränke, Schnupfen, Rauchen, Arsenikessen, Morphiumgenuss und gewohnte subkutane Einspritzungen etc. Die toxischen Genüsse jedoch sind langsam einzuschränken und wenn möglich abzugewöhnen.

§ 44

Das absichtliche Reizen der Kranken durch die Wärter und andere mit jenen in Berührung kommende Personen ist verboten.

§ 45

Den Kranken ist nach Möglichkeit Gelegenheit zur Arbeit zu geben, welche ihren speziellen Neigungen und Fähigkeiten entspricht; es ist ihnen jede durch die Verhältnisse gestattete Zerstreuung zu beschaffen und ihnen insbesondere die Hoffnung auf Wiedererlangung der Freiheit nicht zu rauben, jedoch keine Hoffnung zu erwecken, welche enttäuscht werden müsste.

§ 46

Besitzt der Kranke Vermögen, so ist dasselbe zu seiner Bequemlichkeit, zu seinem materiellen Wohlleben und für geeignete Zerstreuungen zu verwenden.

§ 47

Ist der Kranke in der Lage, während seines Aufenthaltes in der Anstalt irgendeine produktive Arbeit vollziehen zu können, so ist ihm dieser Erwerb stets zu gestatten.

§ 48

Jeder kranke Bewohner einer Anstalt hat das Recht, Memoiren und Briefe zu schreiben, abzusenden und zu empfangen, welche in jeder Beziehung unter dem Schutze des literarischen Eigentums und des Briefgeheimnisses stehen. Nur der wegen Verfolgungstriebes (§ 8 c) Verurteilte besitzt dieses Recht hinsichtlich der Absendung von Briefen nicht.

§ 49

Die Verwaltung des Vermögens eines Geisteskranken besorgt sein Vermögenskurator. Unter Vermögen wird auch der Erwerb in der Anstalt verstanden. Der Kurator ist für die Verwaltung der Obervormundschaftsbehörde verantwortlich und verpflichtet, seinem Mündel nach dessen Entlassung oder den Erben desselben nach dessen Tode vollständig Rechnung zu legen.

§ 50

Der Personalkurator hat sich öfter, mindestens alle 14 Tage einmal, davon zu überzeugen, dass den Gesetzen über die Behandlung in Bezug auf sein Mündel nicht zuwidergehandelt wird.

Er hat auch insbesondere die Pflicht, darüber zu wachen, dass sein Mündel, wenn es nicht wegen Verfolgungstriebes (§ 8 c) verurteilt worden ist, sofort entlassen wird, wenn es gesundet; ist sein Mündel unter dem Titel der Hilflosigkeit im kurzen Verfahren, ohne von einem Irrengerichtshofe geisteskrank (§ 8 b) erklärt worden zu sein, so darüber, dass es über den Zustand der Hilflosigkeit hinaus nicht in der Anstalt zurückgehalten wird.

Er kann auch den Antrag stellen, dass sein Mündel neuerdings vor einen ordentlichen Irrengerichtshof gestellt wird.

VII. Visitationen

§ 51

Mindestens alle 14 Tage, zuweilen unverhofft, untersuchen Kommissionen alle Irrenanstalten jeder Art.

Diese Kommissionen bestehen aus neun Mitgliedern und drei Ersatzmännern, welch Letztere im Verhinderungsfalle eines oder des anderen der neun Hauptmitglieder, an einer Visitation teilzunehmen, vom Obmann ersatzweise einzuberufen sind.

Zu diesen Visitationskommissionen entsendet das zuständige Gericht zwei Ärzte, zwei Advokaten und zwei mindestens 30 Jahre alte, unbescholtene Bürger, einen Ersatzmann aus dem Stande der Ärzte, einen aus dem der Advokaten und einen aus dem der Bürger. In der Reichshauptstadt ist ein vom Präsidenten des

Irrensenates beim Obersten Gerichtshofe ernanntes Mitglied dieses Senates Obmann der Kommission, sonst der Präsident des zuständigen Gerichtes. Überdies sind ein von seinem Hause hierzu designierter Abgeordneter zum gesetzgebenden Körper und der Staatsanwalt Mitglieder der Kommission.

§ 52

Die Visitationskommissionen haben alle Rechte der Bewohner einer Anstalt zu wahren, insbesondere die Wünsche und Beschwerden derselben entgegenzunehmen und in ihrem Wirkungskreise nach dem Gesetz zu prüfen und zu behandeln, entweder als gerechtfertigt zu berücksichtigen oder als ungerechtfertigt abzulehnen.

Die Visitationskommissionen unterstehen nur dem Irrensenate beim Obersten Gerichtshofe und haben ihre Berichte an dessen Präsidenten zu leiten.

§ 53

Den Wunsch eines kranken Bewohners einer Anstalt, neuerlich vor ein ordentliches Irrengericht gestellt zu werden, hat die Kommission stets zu erfüllen.

§ 54

Findet eine Kommission, dass sie es mit einem Simulanten zu tun hat, der ursprünglich einer strafbaren Handlung wegen in strafgerichtlicher Untersuchung stand, so ist derselbe unverzüglich seinem ordentlichen Richter zu überantworten.

VIII. Entlassung und Rückfall

§ 55

Die Entlassung eines Bewohners einer psychiatrischen Anstalt hat der Anstaltsdirektor vorzunehmen:

a) bei einem Freiwilligen auf dessen Wunsch sofort;

b) bei einem nach § 8 b als geisteskrank Erklärten, wenn er denselben für geheilt hält;

c) bei einem Hilflosen, der im kurzen Verfahren untergebracht wurde, wenn dessen hilfloser Zustand aufgehört hat, sofort;

d) bei einem nach § 8 a Verurteilten, wenn er denselben für vollständig genesen hält, nach einer begründeten Anzeige an das zuständige Gericht, welches die Entlassung sistieren und den zur Entlassung Vorgeschlagenen vor einen neuen Gerichtshof stellen kann. Die Sistierung der Entlassung muss dem Anstaltsdirektor binnen 24 Stunden zugestellt werden.

§ 56

Die Visitationskommission darf alle Kategorien der Bewohner einer Anstalt, mit Ausnahme der im Sinne des § 8 c Verurteilten, sofort entlassen. Ihre Beschlüsse fasst dieselbe mit unbedingter Stimmenmehrheit, wobei die Stimme des Obmannes ausschlaggebend ist.

§ 57

Von der Entlassung sind stets die betreffenden Kuratoren sofort zu verständigen. Dieselben haben dafür Sorge zu tragen, dass der Entlassene nicht abermals in Verhältnisse gerate, die seinem Gesundheitszustande schädlich sein könnten, wenn dies ohne Zwang geschehen kann.

§ 58

Wenn jemand nach seiner Entlassung »*rückfällig*« wird, so ist dasselbe Verfahren, als ob er das erste Mal der Geisteskrankheit verdächtig geworden wäre, einzuhalten.

Der Umstand, dass der Angeklagte schon einmal für irrsinnig galt oder dafür erklärt worden ist, darf weder in der Untersuchung noch der Hauptverhandlung erwähnt werden.

§ 59

Dagegen sind früher verübte und zweifellos erwiesene Vergehen und Verbrechen des Angeklagten von den Geschworenen dahin zu erwägen, ob der Angeklagte nicht einer Manie unterworfen sei oder gar zu der Kategorie der Geisteskranken im Sinne des § 8 c gehöre.

IX. Schutz-, Beschwerde- und Strafrecht

§ 60

Gegen das die Untersuchung des Geisteszustandes einer Person antragende Subjekt hat der Verdächtige das Klagerecht wegen Verleumdung, und wenn es der Gemeindevorsteher, dessen Stellvertreter, ein Polizeibeamter oder endlich ein Arzt ist, das Klagerecht wegen Missbrauchs der Amtsgewalt.

Auch der Staatsanwalt kann die Klage wegen Missbrauchs der Amtsgewalt gegen eine der letztgenannten Personen erheben, wenn er während oder nach abgeschlossener Untersuchung oder Hauptverhandlung dafür Gründe gefunden zu haben glaubt.

§ 61

Jeder, der einen Antrag auf Untersuchung des Geisteszustandes jemandes gestellt hat, ist für die wirtschaftlichen Folgen desselben verantwortlich und für den durch seinen Antrag zugefügten Schaden ersatzpflichtig, wenn sich dieser Antrag als ungerechtfertigt herausstellt.

§ 62

Dem der Geisteskrankheit Verdächtigen steht zu jeder Zeit der Untersuchung oder nach geschlossenem Verfahren gegen den Richter und jeden beteiligten Arzt die Beschwerde an das Gericht zweiter Instanz offen. Das Obergericht kann den Richter in Disziplinaruntersuchung nehmen, dem Arzte kann seine akademische Würde und das Recht der ärztlichen Praxis entzogen werden, wenn es sich herausstellt, dass dieser oder jener die ihm zukommende Amtshandlung nicht nach bestem Wissen und Gewissen vorgenommen oder eine auffallende Unwissenheit an den Tag gelegt hat.

§ 63

Der Richter hat in der Voruntersuchung die Ärzte um die wahrscheinliche oder bestimmte Ursache der Geisteskrankheit zu befragen und wo möglich festzustellen, ob eine Erblichkeit vorliege, ob Gicht, Syphilis, Typhus, eine traumatische Einwirkung, geschlechtliche Exzesse, Trunksucht, psychische Affekte oder toxische Mittel die Ursache der angeblichen Geisteskrankheit sind, ob eine dieser Ursachen allein oder mehrere zusammen das Unglück des Verdächtigen herbeigeführt haben könnten.

Der Richter hat auch zu untersuchen, ob der der Geisteskrankheit Verdächtige nicht vielleicht aus Erbschleicherei, um anderer wirtschaftlicher Vorteile willen, damit er den Treubruch nicht strafe, ein Verbrechen nicht verrate, aus politischen Gründen oder endlich aus Rache beseitigt werden soll. Der Richter hat sich diese Möglichkeit stets vor Augen zu halten.

§ 64

Ergibt sich während der Untersuchung oder der Hauptverhandlung, dass jemand an der tatsächlichen Geisteskrankheit des Verdächtigen oder Angeklagten eine absichtliche Schuld trage, oder dass jemand den Vorwand derselben dazu benützen wollte, um den Verdächtigen oder Angeklagten zu beseitigen, so ist wider den Schuldtragenden von Amts wegen die strafgerichtliche Untersuchung im Sinne der §§ 77, 78, 79 dieses Gesetzes einzuleiten.

§ 65

Wer immer von einem Unrechte erfährt, das einem Hilflosen zugefügt worden ist, oder wen gar der Hilflose selber, mag derselbe nun geisteskrank sein oder nicht, davon Kenntnis gegeben hat, der ist verpflichtet, die Anzeige hiervon an den Staatsanwalt zu leiten. Wenn er dies unterlässt, macht er sich der Mitschuld an dem geschehenen Unrecht schuldig.

§ 66

Wer einen Geisteskranken oder der Geisteskrankheit Verdächtigen absichtlich reizt, ist mit Arrest bis zu einem Jahre sofort zu bestrafen; war der Schuldige ein Krankenwärter, so ist er sofort zu entlassen.

§ 67

Jeder Tobsuchtsanfall eines sich in einer psychiatrischen Anstalt befindlichen Geisteskranken ist vom Anstaltsdirektor der nächsten Visitationskommission und dem betreffenden Personalkurator anzuzeigen. Die Visitationskommission hat mit Unterstützung des Direktors die Ursache zu erforschen.

Erstattet der Anstaltsdirektor die Anzeige nicht, so ist er strafbar und kann im Wiederholungsfalle als für seinen Posten ungeeignet befunden werden.

Die an einem Tobsuchtsanfalle eines Kranken schuldige Person macht sich des Vergehens gegen die Sicherheit des Lebens schuldig und wird nach dem Strafgesetze behandelt.

§ 68

Die ungerechtfertigte Zurückhaltung einer Person in einer psychiatrischen Anstalt involviert das Vergehen gegen die Sicherheit des Lebens.

§ 69

Wer einen anderen durch mündliche oder schriftliche Mitteilung oder durch die Presse namentlich oder durch auf ihn passende Kennzeichen der Geisteskrankheit beschuldigt,

wer öffentlich oder vor mehreren Leuten oder durch die Presse über die Tatsache, dass sich jemand in Untersuchung unter dem Verdacht der Geisteskrankheit befindet, Mitteilungen verbreitet,

wer endlich die Mitteilung, dass jemand eine Geisteskrankheit überstanden, oder sich aus sonst einem Grunde in Behandlung in einer psychiatrischen Anstalt befunden, oder in Untersuchung wegen Irrsinns gestanden hat, auf irgendeine Weise verbreitet oder diesen Umstand der betreffenden Person selber zum Vorwurf macht, wer schließlich auf irgendeine Art falsche Mitteilungen über die gegen einen des Irrsinns Angeklagten durchgeführte Hauptverhandlung verbreitet:

ist des Vergehens gegen die Sicherheit der Ehre, des Vermögens und der Gesundheit zugleich schuldig und nach dem Strafgesetze zu bestrafen.

§ 70

Wurde aber die im § 69, erster Absatz, angeführte Beschuldigung in Form oder zu dem Zwecke eines Antrages auf Untersuchung des Geisteszustandes einer Person geäußert, so wird der Beschuldiger, falls die Beschuldigung nicht durch die Presse geschehen ist, straflos, und ist dieselbe als Antrag im Sinne dieses Gesetzes aufzufassen.

§ 71

Für die durch die Presse begangenen Vergehen des § 69 sind der Drucker, Herausgeber und Redakteur der Druckschrift und der Verfasser des betreffenden Artikels verantwortlich.

Die das Irrenrecht berührenden Pressevergehen werden stets vor dem Einzelrichter und über Antrag des Staatsanwaltes verhandelt.

§ 72

Die im § 69 genannten Vergehen verjähren nach den Bestimmungen des Strafgesetzes.

§ 73

Wer sich eines der im § 96 genannten Vergehen schuldig gemacht hat, darf, auch wenn er deshalb nicht gerichtlich belangt worden ist, innerhalb der Frist eines Jahres von dem Beleidigten weder selber noch durch andere einen Rat, eine Fürsprache, Hilfeleistung, Unterstützung beanspruchen oder annehmen und kein Geschäft abschließen, welches ihm Nutzen brächte.

Die bloße Beanspruchung eines dieser Vorteile involviert den Versuch, die Annahme den vollzogenen Betrug an dem Beleidigten und ist nach Maßgabe der Höhe des gezogenen Vorteiles nach dem Strafgesetze zu ahnden.

§ 74

Die Straflosigkeit eines in § 73 genannten Vergehens oder Verbrechens tritt nur dann ein, wenn der Beleidigte dem Beleidiger ausdrücklich verziehen hat, ehe von ihm ein Vorteil von dem Beleidiger gefordert oder an denselben geleistet wurde.

Die Verzeihung setzt die volle Kenntnis der durch den Beleidiger erlittenen Beleidigungen vonseiten des Verzeihenden voraus.

§ 75

Wenn sich eines in § 69 genannten Vergehens oder Verbrechens das mündige Kind gegen einen Teil seiner Eltern oder ein Eheteil gegen den anderen schuldig macht, so ist der Beleidiger auch im Sinne des § 73 strafbar.

Ein mündiges Kind kann deshalb enterbt; auf Wunsch des beleidigten Ehegatten kann die gerichtliche Ehetrennung vorgenommen werden, ohne dass der schuldige Teil irgendwelche materielle Forderungen an den anderen zu stellen berechtigt ist.

§ 76

Wer jemanden zu einem in § 69 und § 73 genannten Vergehen oder Verbrechen verleitet oder zu verleiten versucht, macht sich desselben Deliktes schuldig.

§ 77

Wer in der Absicht, jemanden in irgendeiner Weise zu schädigen, der Geisteskrankheit bezichtigt, macht sich des Verbrechens der Verleumdung schuldig. Wird diese Absicht in einem Antrag auf Untersuchung des Geisteszustandes einer Person verkörpert, so ist dies ein erschwerender Umstand, welcher das höchste gesetzliche Strafausmaß nach sich zieht.

§ 78

Wer jemanden durch irgendwelche Mittel absichtlich geisteskrank gemacht hat, ist des Verbrechens des Mordes schuldig.

§ 79

Wer es versucht hat, jemanden durch irgendwelche Mittel geisteskrank zu machen, ohne dass ihm dies gelungen ist, macht sich des Verbrechens des versuchten Mordes schuldig.

§ 80

Wer jemanden zu einem in den §§ 77, 78, 79 genannten Verbrechen verleitet oder zu verleiten sucht, ist der Verleitung zu diesem Verbrechen schuldig.

§ 81

Die in den §§ 75, 77, 78, 79, 80 genannten Delikte verjähren nach den Bestimmungen des Strafgesetzes.

X. Schluss

§ 82

Im Irrenprozess sind alle Schriftstücke stempelfrei.

§ 83

Mit der Durchführung dieser Gesetze wird die Justizverwaltung betraut.

Danksagung

Die Originalfassung des vorliegenden Werks erschien bereits im Jahre 1890 bei Orell Füssli &. Co. Das gesellschaftliche System und der allgemeine Sprachgebrauch haben sich seither verändert. Dass die Zwangspsychiatrie ungeachtet dessen noch immer den alten Mechanismen unterworfen ist, machte der Fall Mollath in nie gekannter Weise transparent. »Der Fall Mollath – Vom Versagen der Justiz und Psychiatrie« ist denn auch der Titel eines Buches, das im Dezember 2014 erschienen ist. Autor Gerhard Strate, vormals Verteidiger von Gustl Mollath, schildert darin minutiös die kafkaesken Strukturen des heutigen Systems, dessen Überschneidungen zwischen Justiz und Medizin nach wie vor die blutende Wunde des Rechtsstaats darstellen. Strates Buch ist ebenfalls von Orell Füssli verlegt worden (ISBN 9-783-2800-5559-5): 124 Jahre nach Erscheinen des vorliegenden Werks gebührt dem Schweizer Traditionsunternehmen somit Dank für die hohe Kontinuität des Eintretens für Freiheit und Menschenrechte.

Ein weiterer Dank auch an Dr. h.c. Gerhard Strate, der »Das Recht im Irrenwesen« im April 2015 in einem Wiener Antiquariat entdeckt und mich auf das Werk aufmerksam gemacht hat.

Die Herausgeberin

www.ein-buch-lesen.de